स्टोरीमिरर प्रस्तुति

# ज़िंदगी इस तरह

## बेहतरीन कविताओं का संकलन

प्रथम संस्करण : सितम्बर 2022
भारत में मुद्रित


टाइप : कोकिला

ISBN : 978-93-95374-38-5

आवरण रचना : कोमल लालवानी

प्रकाशक :  स्टोरीमिरर इंफोटेक प्राईवेट लिमिटेड,
7वीं मंजिल, एल तारा बिल्डिंग,
डेल्फ़ी बिल्डिंग के पीछे,
हीरानंदानी गार्डन, पवई, मुंबई,
महाराष्ट्र -400076, भारत

Web :        https://storymirror.com
Facebook :   https://facebook.com/storymirror
Instagram :  https://instagram.com/storymirror
Twitter :    https://twitter.com/story_mirror
Email :      marketing@storymirror.com

# विषय-सूची

# दिवा शंकर सारस्वत

दिवा शंकर सारस्वत जी की पूरी शिक्षा विज्ञान वर्ग और इंजीनियरिंग से संबंधित रही है। आप वर्तमान में भारत संचार निगम लिमिटेड में उप मंडल अभियंता के पद पर कार्यरत हैं तथा इस समय उत्तर प्रदेश के एटा शहर में नियुक्त हैं। बचपन से ही आपको हिंदी साहित्य में रुझान रहा है। वर्तमान में आप विभिन्न ऑनलाइन मंचों पर लेखन कर रहे हैं। आप अनेक बार पुरस्कृत हुए हैं तथा स्टोरीमिरर द्वारा भी मई 2022 के द्वितीय सप्ताह में 'ऑथर ऑफ द वीक' के रूप में सम्मानित हो चुके है। आपकी दो पुस्तकें प्रकाशित हो चुकी हैं।

# बेवफाई जन्म लेती है

दिवा शंकर सारस्वत

जब इश्क घुल जाता है

चाहतों की असीम उम्मीदों में

खो बैठता निज ऊंचाई को

लिसने लगता स्वार्थ की गंदगी से

बेवफाई जन्म लेती है

मिलन और जुदाई

दोनों इश्क की अदाएं हैं

मन में बसा हुआ

कब जुदा होता है

वफ़ा और बेवफाई का

मिलन, जुदाई से क्या रिश्ता!

जुदा होकर भी मुस्कराती वफाई

मिलन के बाद भी जन्मती बेवफाई

कब मिल सकीं राधा

अपने प्रियतम श्याम सुंदर से

कर्तव्य वेदी पर रच विवाह

षोडश सहस्र रानियों संग

कब भुला पाये श्याम

अपने प्रथम प्रेम को

वफाई है यकीन का नाम दूजा

यकीन रहते वफाई नहीं मरती

नयनों से नीर गिराकर प्रति पल

याद प्रियतम को करती रहती

आंसू वफाई के नयनों से निकल

हवन वेदी का घी बनते हैं

हवन चलता आखरी श्वांस तक

किसी की विजय राह बनते हैं

इश्क में मिलना तो बहुत छोटा है

बड़ा है वफ़ा कर भी जुदा होना

इश्क की सूली पर खुद को

सदा के लिए खोना

मरकर भी जीने की दुआ दे जाना

जब इश्क का उच्च शिखर

बह जाता वासना की बारिश में

उसी दलदल की तलहटी से

बेवफाई जन्म लेती है

# श्रावणी सुळ

श्रावणी ने हाल ही में पुणे बोर्ड से एचएससी बोर्ड परीक्षा उत्तीर्ण की है और फिलहाल आगे की पढ़ाई के लिए प्रवेश परीक्षा की तैयारी कर रही हैं। पढ़ाई में काबिल होने के साथ साथ वह एक प्रशिक्षित मार्शल आर्टिस्ट भी हैं। बारह वर्ष की आयु में उन्होंने खेल के क्षेत्र में कदम रखा। वह कराटे, ताए क्वान डो, एथलेटिक्स, बॉक्सिंग के साथ लाठीकाठी और दांडपट्टा चलाने का प्रशिक्षण प्राप्त कर चुकी हैं। बॉक्सिंग में वह राज्य स्तर तक अपने खेल का प्रदर्शन कर चुकी हैं। ग्यारह वर्ष की उम्र से पाठ्यपुस्तकों की कविताओं से प्रेरित होकर उन्होंने लिखना शुरू किया। वह मराठी, हिंदी और अंग्रेजी भाषाओं में लिखती हैं। एक वर्ष पूर्व उन्होंने स्टोरीमिरर पर अपनी कविताओं के प्रकाशन का आगाज़ किया और आज सत्रह वर्ष की उम्र में कवयित्री के रूप में उनकी एक पहचान बन चुकी हैं। स्टोरीमिरर पर SSWC3 के साथ साथ वह अन्य प्रतियोगिताओं की भी विजेता रही हैं। उन्हें संगीत और नृत्यकला में भी गहरी रुचि है।

# साकार हूँ मैं...

## श्रावणी सुळ

जिसमें डूबे है किनारे, फिर भी खाली खाली सी नदियाँ हूँ मैं

बाहर का रास्ता नहीं, ऐसी भूलभुलैय्या हूँ मैं


जो खुद से ही बेखबर है, ऐसी कोई खबर हूँ मैं

कभी पल में ज़मीं से आसमाँ छू लूँ, कभी ज़िंदगी भर का सबर हूँ मैं


धीमे धीमे सुलझ रही जो, खुद से बेगानी वह पहेली हूँ मैं

खुद ही से अंजान खुद की, सबसे अच्छी सहेली हूँ मैं


लिख के बस लिफ़ाफ़े में कैद, ऐसे हज़ारों पैग़ाम हूँ मैं

रात दिन से तंग हैं जो, मजबूर सी वह शाम हूँ मैं


हर किसी की समझ से बाहर, एक नासमझ समझ हूँ मैं

कभी चिंगारी से ही सहम जाऊ, तो कभी अँगारों में भी सहज हूँ मैं


तूफ़ाँ हूँ पर तूफ़ाँ नहीं, तूफ़ाँ में तबदील हवा हूँ मैं

कभी सबब खुशी का, कभी खुद ही के लिए शिकवा हूँ मैं


जो सिर्फ बन्द आँखों से दिखे, निराकार सा वह आकार हूँ मैं

सोचूँ तो ज़रा अधूरी सी, समझूँ तो स्वयं में साकार हूँ मैं।

# मंजू रानी

लेखिका मंजू रानी आजकल ऑनलाइन पढ़ाती हैं आपने एम एड, पीजी डिप्लोमा इन हिंदी ट्रांसलेशन और एम एस इन काउंसलिंग एंड साइकोथेरेपी किया है। आपने कुछ वर्ष विद्यालय में पढ़ाया व काउंसलिंग भी की है। आप की लेखनी ने पर तो बचपन में ही निकाल लिए थे पर उड़ान नहीं भर सकीं थीं। बस अब अपनी बेटियों और स्टोरीमिरर की सहायता से उन की लेखनी उड़ने का प्रयत्न कर रही है।

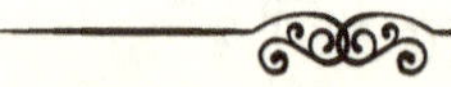

# युद्ध न कर

## मंजू रानी

युद्ध का अंत सुखद नहीं होता है,

पर फिर भी हम युद्ध करते ही हैं।

कभी अपने अंतः मन से,

कभी अपने ही देश की सीमाओं पर

और कभी अपनों से

और युद्ध में हार इंसानियत की ही है।


डरा हुआ इंसां ही युद्ध के आगाज़ का कारण है,

अहं जब बलवान होता है तो टकराता है,

अपनी मर्यादा की दीवारें तोड़ता है,

लहू बहाता है

और सदा के लिए शान्त हो जाता है।

एक इतिहास बन जाता है।


पर सीखा आज तक कुछ नहीं है,

सदा बेरहम युद्ध के लिए तत्पर है।

आँखें महाभारत, हिरोशिमा नागासाकी,

विश्व -युद्ध एक-दो के अंत को देखना भूल जाती हैं,

वे तो विध्वंस का दृश्य देखने को उतारू हैं

बच्चों को रोते-बिलखते,

माताओं को विलाप करते,

इस भू-मंडल को श्मशान बनते देखना चाहती हैं।

ये सारा खेल तो मन में बैठा रावण करवाता है,

जिसका राम आज तक विनाश न कर पाये हैं,

धरा पर सुख-शांति स्थापित न कर पाये हैं।

मति-भ्रष्ट लोग हर चीज़ युद्ध से जीतना चाहते हैं,

चाहे हृदय हो या ज़मीन का टुकड़ा,

पर यह नामुमकिन है।


सिर्फ अपने कर्मों से हर दिल जीता जा सकता है,

देश तो क्या! विश्व जीता जा सकता है,

एक बार उठकर तो देख,

किसी के मुँह में निवाला डालकर तो देख,

बेसहारों का सहारा बनकर तो देख,

जननी का हाथ अपने सर पर पायेगा।


युद्ध करना है तो भूख से कर,

बीमारियों से कर,

आकस्मिक विपदाओं से कर,

अमनुष्यता से कर,

प्रदूषण से कर,

विनाश से कर,

अपने अहं से कर

पर इस सुन्दर सृष्टि से न कर,

युद्ध न कर, युद्ध न कर।

# अरविंद शर्मा

अरविंद वित्तीय क्षेत्र के विशेषज्ञ हैं, जिन्हें बैंकिंग और वित्त में व्यापक अनुभव है। उनके पास पीएचडी सहित वित्त के क्षेत्र में व्यापक योग्यताएँ हैं। वे अपने स्कूल के दिनों से ही हिंदी और अंग्रेजी दोनों में कविताएँ लिख रहे हैं। वे लघु कथाएँ और उपन्यास भी लिखते हैं। एक उपन्यास सहित उनकी कुछ रचनाएँ प्रकाशित हो चुकी हैं। वे भौतिक और आत्मविषयक विषयों के बारे में लिखते हैं।

# दूरियाँ

अरविंद शर्मा

जैसे-जैसे उम्र बढ़ी

बढ़ती जा रही दूरियाँ


एक धारा बह निकली

हिम शिखर से

ऊबड़-खाबड़ रास्ते तय करती

अपने ही वेग में

समतल मैदान आते ही फैलने लगी

बढ़ती गई दो किनारों की दूरियाँ

एक-दो जन्म, सात जन्म, हर जन्म में

उद्गम से बढ़ती जा रही दूरियाँ

क्षितिज मन की कल्पना है

सब जानते हैं

नहीं मिलते हैं धरती और आकाश

फिर भी तलाश में निकले

जितना चले उतना आगे सरकती गईं

और लम्बी लगने लगी दूरियाँ

कुछ एहसास अवशेष हैं

परंतु बढ़ती जा रही दूरियाँ

# रेशमा बनसोडे

रेशमा पेशे से एक डॉक्टर हैं। वे स्वभाव से बहुत ही संवेदनशील हैं। सामने वाले की भावनाओं को जानना, समझना, उन्हें जरूरत पड़ने पर हौसला देना, मार्गदर्शन करना इनके लिए स्वाभाविक है। इन्हीं भावनाओं को वे अपनी कलम से शब्दों में कैद कर लेती है। हिंदी भाषा में कविताएं, तुकबंदी करना; मराठी में कविताएं, कथालेखन, यह इनके इसी गुण का हिस्सा है। जन जागरूकता के लिए भी आप सदा कार्यरत रहती हैं। विभिन्न मंचों पर, पाठशाला इत्यादि जगह जा कर वे आरोग्य, मानसिक आरोग्य, स्त्री पुरुष भेदभाव, महिलाओं पर होने वाले अत्याचार इत्यादि विषयों पर जन जागरूकता में सदा भाग लेती हैं।

# रंग सफेद -रेवा

## रेशमा बनसोडे

छोड़ती रही निशान अपने रेवा गुजरते हुए,

बदलती रही हर किसी को जिसको भी छूकर गई

हटाकर गंदगी किनारों से

स्वयं मलीन होती रही

रुकी नहीं, थमी नहीं बस बदलाव करते गुजरती रही

छोड़ती रही निशान अपने रेवा गुजरते हुए।

★ ★ ★

# सिद्धार्थ मिश्रा

सिद्धार्थ मिश्रा पेशे से एक इंजीनियर हैं लेकिन दिल से एक लेखक हैं। उन्हें तरह-तरह की दिलचस्प कहानियाँ, कविताएं, लेख लिखना पसंद है, कला उन्हें आकर्षित करती है। उनके कहानियां, कविताएं ओर लेख स्टोरीमिरर, मोनोमौशुमी, रिडसी आदि पर प्रकाशित होती रहती हैं। वह किताबों की अलग शैली पर प्रयोग करने में बहुत रुचि रखते हैं। आपने स्टोरीमिरर के पिछले प्रकाशन "द जेन मोमेंट्स" में कविता का योगदान दिया है। वह कहानी प्रतियोगिताओं और साहित्य समारोहों में उत्सुकता से भाग लेते रहे हैं।

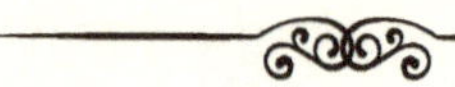

# माँ

## सिद्धार्थ मिश्रा

एक बार नारद मुनि जी ने

पूछा श्री हरी से,

कि क्यों लेते हो जन्म बार बार

जब कि बुराई का अंत

करने के लिए सिर्फ और सिर्फ

आपका सुदर्शन चक्र ही है काफ़ी!


बोले श्री हरी बिष्णु जी

कि सुनो हे नारद! आज तुम ये बात,

हूँ लेता मैं जन्म बार-बार

ताकि जो सुख है नहीं बैकुंठ लोक पर

वो मिलता है मुझको धरती पर।


नारद जी हुए परेशान

कि जिस बैकुंठ लोक पर आने के लिए,

तपस्वी करते तप बरसों तक,

फिर वो बैकुंठ लोक पे क्या है वह

जिसे पाने लेते हैं अवतार श्री हरी

धरती लोक पर।

पूछे श्री हरी से की

है प्रभु बतला दो मुझको आप

कि क्या है वह जो है भाता आपको इतना

जो मनुष्य रूप के दुख कष्ट को भी

झेलना है आपको गवारा।


बोले श्री हरी कि हे नारद!

वो है माँ की ममता,

जिसे पाने मैं लेता हूँ जन्म बार-बार,

वो माँ ही है जिसका स्नेह है मुझको भाता,

उसकी ममता की छांव मैं रहने

मैं जाता हूँ धरती पर बार बार।


माँ की करुणा होती है अपार

जिसके पास होती है माँ

वो है संसार का सबसे धनी इंसान।

अपनी माँ का आदर और ख्याल रखें,

और दूसरों की माँ का भी करें सम्मान।

# मिलोनी हिंगु

बहुमुखी प्रतिभा की धनी 'मिलोनी' एक ऐसी कवयित्री हैं जो प्रकृति की नैसर्गिक तथा मानवीय रिश्तों पर कविता लिखने में सिद्धहस्त हैं।

आप महज 12 वर्ष की युवा आयु से ही साहित्य के जगत में अपना योगदान दे रहीं हैं। काव्य सर्जन के अलावा प्रकृति की गोद में यात्राएँ करना आपको बहुत भाता है, और आपका यही लगाव आपकी काव्य रचनाओं में भी प्रतिबिंबित होता रहता है। आपकी कलम से 50 से अधिक कविताएं, 3 लघु प्रेरणादायक कहानियां तथा 6 माइक्रो-फिक्शन लिखे गए हैं।

"StoryMirror" के माध्यम से उन्हें अपनी कविताओं को साहित्य प्रेमियों के बड़े समूह तक अपनी कविताओं को पहुंचाने का अवसर मिला है। आपको "StoryMirror" द्वारा प्रायोजित "Pen It Down" तथा "Yes I Right" प्रतियोगिताओं में पुरस्कृत भी किया जा चुका है।

आपकी कविताएं एवं कहानियां आपके अपने व्यक्तित्व, अनुभव, विचारशीलता और भावनाओं को भली-भाँति समझ पाने की क्षमताओं का परिणाम है।

साहित्य जगत में मिलोनी का उदय 'मिली' के उपनाम से हो रहा है। वर्तमान में आप HR professional के तौर पर GSFC Ltd. में कार्यरत हैं। आप YHAI तथा JCI की आजीवन सदस्य भी हैं।

# मुख़्तसर मुलाक़ात

## मिलोनी हिंगु

ये तेज़ हवा,

हमारे मिलन के

तसव्वुर में ले जाती है।


चुपके से, हौले से, आकर मुझसे लिपट जाती है,

हर पल साथ होने का एहसास दिला जाती है।


थोड़ी गुफ्तगू, आंगन-ए-तसव्वुर में,

तस्कीन छोड़ जाती है,

कुछ ही लम्हों में, दिल को सुकून के पल दे जाती है।


वो कुर्बतों की तपिश, फासलों में छोड़ जाती है,

मुख़्तसर मुलाक़ात, ब-रहमत-ए-ख़ुदा,

मुझे अपनापन महसूस कराती है।


मुलाक़ात की महफ़िल में

हिकायत-ए-फुर्क़त छोड़ जाती है।


ये तेज़ हवा, मुझे

हमारे मिलन की

तसव्वुर में ले आती है।

# अंकित शर्मा

अंकित पेशे से बैंकर है, पर बस मात्र यही उसकी पहचान नहीं है। वो गाता है, बजाता है, खेलता है, लिखता है, पढ़ता है और पढ़ाता भी है, जिंदगी के हर अहसास को बखूबी इज्जत देता है। इस पिंजरे सी धरती में वो खुद को 'आज़ाद' लिखता है, स्वभाव से विद्रोही है पर सीने में दिल है, जो धड़कना जानता है।

स्कूल के दिनों में स्काउटिंग में उत्तर प्रदेश के गवर्नर से सम्मानित हो चुका है। यूं तो टॉपर रहा पर एयरफोर्स में पायलट बनने का सपना पूरा न हो सका। कानपुर विश्वविद्यालय से विज्ञान से २००८ में स्नातक और फिर २००९ जनवरी में देश के सबसे बड़े बैंक एसबीआई में भर्ती। विवेकानंद से बहुत प्रभावित है, देशप्रेमी है और वसुधैव कुटुंबकम् में विश्वास रखता है।

# भारत

अंकित शर्मा

ये त्याग भूमि है मुनियों की

जन कल्याण ही था बस कर्म यहां,

ये भव्य धरा उन ऋषियों की

परमार्थ ही था जिनका धर्म यहां।।


हम वंशज उन्हीं भगीरथ के

जो गंगा मां को ले आए,

यहीं पले थे राम कृष्ण

जन जन के मानस पर जो छाए।।


रज भारत भूमि

निज मस्तक पर

धारण करने में गर्व करें,

है गणतंत्र दिवस

सब हर्षित हों

आओ मिल कर हम पर्व करें।।

# सोनी त्रिपाठी

सोनी ए.के.टी.यू. के एक निजी इंजीनियरिंग संस्थान में संगणक विज्ञान एवं इंजीनियरिंग विभाग में असिस्टेंट प्रोफ़ेसर के पद पर कार्यरत हैं। उन्होंने 2008 में शिक्षण कार्य से पूर्व एक सॉफ्टवेयर कंपनी मे ई.आर.पी. कंसलटेंट के पद पर भी कार्य किया है।

उन्होंने बी.एस.सी.(गणित विषय), बी.टेक.(संगणक विज्ञान एवं इंजीनियरिंग), एम.टेक(संगणक विज्ञान एवं इंजीनियरिंग) की डिग्री ली हैं। उनके विभिन्न भारतीय एवं अंतर्राष्ट्रीय प्रकाशनों मे सॉफ्टवेयर इंजीनियरिंग, नेटवर्किंग आदि विषयो में शोध पत्र प्रकाशित हो चुके हैं। उनकी ऑपरेटिंग सिस्टम, बिग डाटा विषयों मे पुस्तके भी प्रकाशित हो चुकी हैं। उन्हें विभिन्न साहित्यिक कार्यक्रमों मे सम्मानित भी किया जा चुका है। वह एक नियमित ब्लॉगर, ओजस्वी वक्ता एवं कुशल चित्रकार हैं। वह विभिन्न कहानी प्रतियोगिताओ मे उत्सुकता के साथ भाग लेती रही हैं।

# आराधना

## सोनी त्रिपाठी

माता पिता ही है काशी, माता पिता ही है काबा

आप पर वार दूं यह अपना जीवन सारा

हमारे हवाले करके जीवन के हर सुखअपने आँचल से बुहार दिए हमारे सारे दुख

आपने ही दिखाया जीवन केहर कठिन पल मे उजियारा

आपसे ही तो है अस्तित्व यह मेरा

मेरे हर मान सम्मान पर पहला हक तेराआपके दिये शिक्षा एवं संस्कार

ही हैं, मेरे खुशहाल घर संसार का आधार आपके रहने से है संसार की सारी खुशियां

हमेशा यूं ही महकती रहे मेरे घर आँगन की बगिया करती हूँ बार-बार आपको प्रणाम

मेरी हर गलती पर दे दो क्षमादान आपके जैसा न और कोई दूजा

आप ही मेरा ईश्वर, आप ही मेरी पूजा

★ ★ ★

# रेणु कुमारी

रेणु इन्फोसिस लिमिटेड में टेक्नोलॉजी एनालिस्ट के रूप में काम करती हैं। वह एक डेवलपर होने के साथ-साथ प्रशिक्षित नर्तकी और स्केच कलाकार भी हैं। उन्होंने पिछले कुछ वर्ष कविता पढ़ने और लिखने में बिताए हैं। उनकी अधिकांश कविताएँ वास्तविक जीवन की घटनाओं से प्रेरित हैं। वह शायरी/कविता प्रतियोगिताओं और साहित्य समारोहों में उत्सुकता से भाग लेती रही हैं। अपने खाली समय में वह यात्रा करना और नई जगहों को एक्सप्लोर करना पसंद करती हैं।उन्हें नई भाषाएं सीखना और नए दोस्त बनाना बेहद पसंद है। यह उन्हें अपनी प्रतिभा को लिखने और बढ़ाने की प्रेरणा देता है।

# लौट आ.....

## रेणु कुमारी

तू कितना याद आता है मुझे ये कैसे मैं तुझे बताऊँ!

तू लौट कर अब ना आएगा जाना

ये कैसे मैं इस दिल को समझाऊँ!

तू यार था मेरा तू ही हमदर्द भी

ऐ ख़ुदा तू ही बता कैसे मैं उसे वापस लाऊँ!

रोज़ की खट्टी मीठी तकरार से

कैसे मैं अपने रूठे यार को मनाऊँ!

सुबह की वो पहली किरण से ले कर

रात के वो आख़िरी अंधेरे तक

तू हर वक्त मेरे साथ था उस एहसास को मैं कैसे भुलाऊँ!

तेरा वो समझाना, चुप चाप मेरी सारी बातें मान जाना

बोल ना जानां कैसे मैं अब वो तुझे वापस सुनाऊँ!

तुझ जैसा कोई दूसरा नहीं इस जहां में

तू ही बता तेरी बदमाशियों के बिना कैसे मैं बेवजह मुस्कुराऊँ!

वो तेरी बिन मतलब की बातों से ले कर,

तेरे वो बेपरवाह मुस्कुराने तक

तेरा वो मासूम सा चेहरा इन आँखों से मैं कैसे हटाऊँ!

हाँ! बहुत नाराज़ हूँ मैं तेरे इस क़दर बिन बताए जाने से

एक बार लौट आ मेरे यार ताकि मैं तुझसे फिर लड़ पाऊँ!

वो आख़िरी लड़ाई जो अधूरी छोड़ी थी तूने

तेरे संग उसे पूरा कर जाना फिर मैं तुझे मनाऊँ!!

देख तेरे जाने के ग़म में अश्कों से आँखें सुजा रखी है मैंने

तू आ के वो डांट ना ज़रा ताकि अपनी बचकानी हरकतों से मैं तेरा सारा ग़ुस्सा पी जाऊँ!

तू एक ही तो था ज़िंदगी में मेरे

अब वो अनकही कहानियाँ मैं किसे सुनाऊँ!

लौट आ जाना बस हम सब के लिए

एक बार ही सही पर जी भर के मैं तुझे गले लगाऊँ!

जो धोखा तूने मेरे साथ साथ सबको दिया यूँ अकेले छोड़ कर

तेरी ये चाल आज मैं सबको बताऊँ!

यूँ लुक्का छुप्पी मत खेल मेरे यार

दिल कितना डर गया है ये कैसे मैं तुझे दिखाऊँ!

लौट आ जाना बस एक बार ही सही

जी भर के तुझे मैं गले लगाऊँ!

★ ★ ★

# डॉ. मीनल अग्रवाल

आपका जन्म अलीगढ़ (उत्तर प्रदेश) में हुआ। आपके पिता श्री प्रमोद कुमार जी अलीगढ़ के एक प्रतिष्ठित उद्योगपति एवं समाज सुधारक थे। राजनीति और साहित्य से भी उनका गहरा लगाव रहा। आपको बचपन से ही घर-परिवार में एक साहित्यिक माहौल मिला जिसके परिणाम स्वरूप आप बचपन से ही साहित्य में अत्यधिक रूचि रखते हुए कवितायें, कहानियां, लेख आदि लिखती आ रही हैं और वह नियमित रूप से देश विदेश की प्रतिष्ठित पत्र-पत्रिकाओं में प्रकाशित भी हो रहे हैं।

आपने मुख्यतः अलीगढ़ मुस्लिम विश्वविद्यालय, अलीगढ़ से उच्च शिक्षा प्राप्त की है।

आप चौथी दुनिया और अमर उजाला के अलीगढ़ संस्करण से पत्रकार के रूप में जुड़ी रहीं। आपने देश के प्रतिष्ठित शैक्षणिक संस्थानों में अध्यापन कार्य भी किया। आप वर्तमान में अपने पारिवारिक व्यवसाय को भी देखती हैं।

आपकी कविताओं का प्रसारण 92.7 बिग एफ एम, मुंबई एवं अलीगढ़ पर भी हुआ। आपने एशियन लिटरेरी सोसायटी के कई आयोजनों में भी कविता वाचन किया है।

आप अपनी कविता 'मोक्ष' के लिए एशियन लिटरेरी सोसायटी के वर्डस्मिथ अवार्ड 2020 (हिंदी कविता) की विजेता भी रही हैं।

आप पत्रकारिता एवं स्वतंत्र लेखन में अभी भी सक्रिय हैं। आपकी कला की हर विधा में गहन रुचि है, खासतौर से कविता और संगीत में। प्रकृति, प्रेम और जीवन -इन तीनों विषयों को आप बहुत बारीकी से देखती हैं और कहीं गहरे उतार लेती हैं अपने अंतर्मन में . . . यही भावों का रूप लेकर कविता/कहानी के स्वरूप में बाहर निकल आते हैं।

# एक सूरजमुखी के फूल सा

डॉ. मीनल अग्रवाल

नाउम्मीदी थी

दिल में

अब आहिस्ता-आहिस्ता फिर

कुछ उम्मीद सी जग रही है

यह काली अंधेरी रात

युगों सी लम्बी थी लेकिन

मायूसी की धुंध

धीरे-धीरे छंट रही है

इस दुनिया के

आसमान में

सूरज रोज सुबह उगता होगा

पर

मेरा तो कुछ समय के लिए

डूब गया था

एक बार फिर उगा है

इस बार मैं इसे डूबने ही

नहीं दूंगी चाहे

हर सांझ को

इस दुनिया का सूरज ढलता

रहे

दिन में

इस दुनिया के आकाश में

सांझ से रात

रात से अगली सुबह तक के

इंतजार में

यह मन के तपोवन में

एक सूरजमुखी के फूल सा

सूरज के प्रकाश पुंज सा ही

खिलता रहेगा।

# मधुसूदन श्रीवास्तव

मधुसूदन श्रीवास्तव सरकारी क्षेत्र के बैंक में वरिष्ठ प्रबंधक के पद पर कार्यरत हैं। उन्होंने कृषि में परस्नातक की उपाधि अर्जित की है। उन्होंने कृषि अनुसंधान के क्षेत्र में भी कार्य किया है। विज्ञान में शिक्षा दीक्षा एवं वित्तीय संस्थान में कार्यरत होने के बावजूद उन्हें हिंदी से लगाव है तथा वो कविता एवं ग़ज़ल लेखन में रुचि रखतें हैं। उनकी कविताएं कई पत्र-पत्रिकाओं में प्रकाशित हो चुकी हैं।

# मानवता ही श्रेष्ठ धर्म है

## मधुसूदन श्रीवास्तव

मानवता ही श्रेष्ठ धर्म है

सब धर्मों में सर्वोत्तम,

सत्य ही शिव है, कर्म, धर्म है

शिव ही सबसे सुंदरतम।


सत् पथ के अनुगामी राही

पथ में जो संताप मिले,

डिगे नहीं निज राहों से गर

स्याह अंधेरी रात मिले,

नेक भाव से कर्म किये जा

कट जायेंगे सारे तम

उपनिषदों का सार यही है

शिव ही सबसे सुंदरतम।


मानवता ही श्रेष्ठ धर्म है

सब धर्मों में सर्वोत्तम।


कर्म किये जा, कर्म किये जा

सब धर्मों का सार यही

प्रेम मनुज से, प्रेम प्रकृति से

धर्मों का आधार यही

सेवा भाव को अपनाकर तुम

पा लोगे उत्तुंग शिखर

है 'कुरान' की बानी यह

अल्लाह ही तो है अकबर।

सत्य ही शिव है, कर्म धर्म है

शिव ही सबसे सुंदरतम।

मानवता ही श्रेष्ठ धर्म है

सब धर्मों में सर्वोत्तम।

काम, क्रोध, मद, लोभ छोड़ कर

शांति प्रेम को अपना लो

छोड़ निराशा और अहम तुम

आशा और विश्वास धरो

अपरिग्रह, अस्तेय, अहिंसा

सत्य धरो, हो नशा-विरत

सम्यक मार्ग चलो तुम मानव

'त्रिपिटक' में है लिखा ये सत्।

सत्य ही शिव है, कर्म धर्म है

शिव ही सबसे सुंदरतम।

मानवता ही श्रेष्ठ धर्म है

सब धर्मों में सर्वोत्तम।।

# अंशुमाला

अंशुमाला बीमा के तकनीकी क्षेत्र में कार्य करती हैं। उन्होंने व्यापार प्रबंधन में उच्च शिक्षा प्राप्त की है। वे 'लिंक्डिन' और 'मीडियम' मंच पर अपने जीवन एवं व्यवसायिक क्षेत्र के अनुभवों को साझा करना पसंद करती हैं। उन्होंने स्टोरीमिरर के एस एम बॉस प्रतियोगिता में भाग लिया है। वे अतिउत्साही पाठिका हैं तथा लेखन की विभिन्न रूप-विधाओं में अभिरूचि रखती हैं। अंशुमाला सूक्ष्म पर्यवेक्षण और रचनात्मक अभिव्यक्ति की शौकीन हैं। अंशुमाला अपने कार्य के सिलसिले में यात्राएं करती हैं और उन अवसरों का उपयोग वे विभिन्न संस्कृतियों और खान-पान के तरीकों का अन्वेषण करती हैं। वे व्यक्तिवाद के लिए समादर में विश्वास करती हैं तथा समावेशी और विविधतापूर्ण परिवेश का समर्थन करती हैं।

# पड़ाव

## अंशुमाला

ये क्या

कैसा इंतज़ार.....

ये मुस्कान भी कैसी?

दिल में दर्द

आँखों में नमी भी होनी है

अभी है चमक, उजली सी लौटना है, पर चल रहे हैं

आना है, और आ गए हैं।

फिर जाना है

-------------दूर

वापस आ-आ कर

जाना मुश्किल है

निकल गए तो आना मुश्किल है

आगे निकलना है सही

अभी--

एक पड़ाव ही तो चाहिए।

★ ★ ★

# अनुराधा जैन

विगत 12 वर्षों से अनुराधा सामाजिक कार्य से सम्बंधित संस्थानों में तथा शिक्षा के क्षेत्र में कार्य कर रही हैं। अनुराधा ने 2 वर्षीय अजीम प्रेमजी फाउंडेशन-फेलोशिप कार्यक्रम के अंतर्गत विभिन्न सरकारी विद्यालयों के साथ मिलकर शिक्षा के आयामों को समझने का प्रयास किया है। अनुराधा ने राष्ट्रीय एवं अन्तराष्ट्रीय शोध कार्शालाओं में अपने शोध-पत्रों को प्रस्तुत किया है। इनके कुछ शोध पत्रों का प्रकाशन भी हुआ है। शिक्षा जगत से सम्बंधित पत्र-पत्रिकाओं में इनके लिखे हुए आलेख भी प्रकशित हुए हैं। अनुराधा लेखन के क्षेत्र में काफी सक्रिय हैं। बाल-साहित्य, कहानी, कविता और आलेख आदि लेखन में भी काफी रूचि रखती हैं। अनुराधा द्वारा लिखी गयी बुन्देली कविता को बाल-पत्रिका चकमक द्वारा प्रकाशित किया गया है। इनके द्वारा लिखी गयी कहानी 'सिपली हैं जन्नत में' को आज़ादी के अमृत महोत्सव में राज्य स्तर पर प्रथम पुरूस्कार भी मिला है। अनुराधा हिंदी और अंग्रेजी के अलावा अपनी मातृभाषा बुन्देली में भी लिखना पसंद करती हैं। लेखन के अतिरिक्त अनुराधा संगीत और यात्रा में रूचि रखती है।

# रुखसत

## अनुराधा जैन

मैं रुखसत लेती तुम्हारी

चूड़ी, कंगन, पायल, झुमके

वाली दुनिया से और

बन जाती हूँ, सिर्फ नारी

बहती सरिता सी कहकहा लगाती नारी,

बादलों पर घूमती आसमान से तारे ढूंढकर लाती नारी,


मैं लेती हूँ, रुखसत तुम्हारे रिवाजों से,

तुम्हारे उपकारों से, बेवजह खींची गई तुम्हारी

लक्ष्मण रेखा के दायरों से

और

बन जाती हूँ सिर्फ नारी

नाचती, झूमती, गाती अलबेली नारी,


तुम मुझे फिर ढूँढ लेना,

इसी सफर पर

उसी रूप में जिसमें मैं ढलना चाहती हूँ,

तब तक के लिए मैं रुखसत लेती हूँ।

★ ★ ★

# सुल्भा अनेजा

सुल्भा अनेजा, एक दिलचस्प लेखिका हें।

उन्हें कविता लिखना, आत्मा की भाषा जैसा लगता है, एक ऐसा माध्यम जिस से वह लोगों की रूह तक पहुँच सकती हें। वह इंडिया फ़िल्म फ़ेस्टिवल ११ की पोयट्री कैटेगरी की विजेता रह चुकी हें। वह स्क्रीन् राइटर एसोसिएशन की सदस्य हें। वह कविता प्रतियोगिताओं और समारोहों में उत्सुकता से भाग लेती रही हैं। कविता के साथ-साथ, संगीत लिखना भी उनकी एक रुचि है। वह एक प्राइवेट कम्पनी में असिस्टेंट जनरल मैनेजर हैं।

# क़ीमत

सुल्भा अनेजा

मौला मेरे,

क्यूँ बना दी तूने…यह फ़ालतू सी चीज़ें?

यह दौलत, यह तराज़ू, यह बेमानी सी रीतें!


बेवज़ह तोलने लगें हैं लोग अब,

जज़्बातों को इनमें,


काश इन जज़्बातों की भी कोई क़ीमत होती

इस जज़्बाती दिल की बाज़ार में,

सोचो कितनी हैसियत होती!

★ ★ ★

# एकता

एकता स्टोरीमिरर द्वारा 'ऑथर ऑफ़ द इयर' पुरस्कार मनोनीत लेखिका हैं। वर्तमान मे वह एक प्रतिष्ठित डेवलपमेंट कंसल्टेंसी फर्म मे पैट्रन की भूमिका में अपना योगदान दे रही हैं। साथ ही एक फ्रीलान्स शिक्षिका एवं कंसलटेंट भी है। उन्होंने दो विषयों, वनस्पति विज्ञान एवं मानव संसाधन प्रबंधन में मास्टर्स डिग्री प्राप्त की है। शास्त्रीय संगीत, रचनात्मक लेखन, संगीत, ड्रामा, एवं एंकरिंग में उनकी विशेष रुचि बचपन से ही रही है तथा इन विषयों में उन्होंने बुनियादी ट्रेनिंग भी ली है। जीवन के अलग-अलग पहलुओं से प्रेरित कविताएँ लिखना उन्हें बेहद पसंद है। 'संग जीने के लिए' उन्हीं कविताओं में से एक विशिष्ट काव्य रचना है।

# संग जीने के लिए

## एकता

कुछ बंदिशें ज़रूरी हैं,

संग जीने के लिए।

कितनी ही ख्वाहिशें अधूरी हैं,

संग जीने के लिए।

बातें तो बातें हैं,

कभी खत्म ना होंगी,

कई बातें अधूरी हैं,

संग जीने के लिए।

किसी बात पर जो तुम रूठ जाओ,

तो कोई परवाह नहीं मुझको,

तेरा हर बार मुझे मनाना,

ज़रूरी है, संग जीने के लिए।

कुछ अनसुलझे से किस्से हैं,

मेरे और तेरे दरमियाँ।

उन क़िताबों का बंद रहना ज़रूरी है,

संग जीने के लिए।

कभी तुम तो कभी हम,

करते हैं कितनी कोशिशें।

क्या ये कोशिशें काफी हैं,

संग जीने के लिए?

तेरी हर बात मुझे अच्छी ही लगे,

ये ज़रूरी तो नहीं।

तेरे संग अच्छा लगना ज़रूरी है,

संग जीने के लिए।

कदम से कदम मिलाकर चलें,

ये ज़रूरी तो नहीं।

रास्ते एक हों ज़रूरी है,

संग जीने के लिए।

ख्वाहिशों का दौर चलता है,

चलने दो, वो चलता ही रहेगा।

तू मेरी, मैं तेरी पहली ज़रूरत हूँ,

ये समझना ज़रूरी है,

संग जीने के लिए।

तू मुझ बिन, मैं तुम बिन अधूरे हैं,

ये याद रखना।

हाँ, हाँ संग पूरे हैं,

और होना ज़रूरी है,

संग जीने के लिए।

★ ★ ★

# सीताराम बुद्धिबामन बेहेरा

सीताराम बुद्धिबामन बेहेरा का जन्म ओड़िशा के पुरी जिला स्थित चिलिका झील के किनारे सोरण ग्राम में हुआ। दसवीं तक की शिक्षा गाँव के विद्यालयों में हुई। १९८८ में आप उच्च शिक्षा के लिए 'प्राण नाथ महाविद्यालय', खोर्धा चले आये।

सन!

स्वयं के और लेखन के बारे में आप कहते हैं कि 'माँ बरुणेई पीठ की वह पावन भूमि, जहाँ पर सिपाही विद्रोह के घमासान ने अंग्रेजी हुकूमत की नींद हराम कर रखी थी और फिर चंद मक्कारों की बेईमानी ने तत्कालीन ओड़िशा को फिरंगी शासन के नीचे दबोच लिया था, उन बरुणेई के पहाड़े, झरने, रण प्रांगण की वे निशानियाँ, पंचसखाओ के बलिदान की गाथाओं ने मुझे लिखने की प्रेरणा दी! सन १९९०-१९९१ में युवा कवियों के लिए भुवनेश्वर कर्मशाला ने मेरे लेखन को एक नई दिशा दी! उसके उपरांत नौकरी के लिए भारत के अनेक प्रांतों में भ्रमण किया, मगर कागज कलम ने मेरा साथ कभी नहीं छोड़ा! अनेक भाषाओं की पुस्तकें पढ़ीं एवं लिखना जारी रखा। मेरी कुछ कविताएं भिन्न-भिन्न पत्र पत्रिकाओं में सम्मिलित हुईं! एफ एम रेडियो, चर्चगेट मुंबई द्वारा भी कुछ कविताओं का प्रसारण हुआ।

# हे मुरलीधर!

सीताराम बुद्धिबामन बेहेरा

मन मीत तुम्हारे

प्यार में पागल

कैसे हुआ

यह ना जाना

तन मन तुम पर

अर्पण कर के

खुद को धन्य

ही माना

यह मन चंचल

आशा हिमालय

स्वभाव है

भटकना

इस संसार में

मृगजल संग

हर पल होवे

सामना

फिर भी मुरलीधर

इशारे-इशारे पर

मोहजाल से

बचाना!

आती-जाती साँसों में

हर पल
मनमोहन बसे रहना
ऐसे मन को मोह लेना
आप ने
ना करूँ कोई भावना
प्रीतम अपनी
प्रीत में डुबो के
हम से मुँह
ना मोड़ना!

यह जो है मेरा
जीवन दीपक
तुम ही जलाये
रखना
घना अंधियारा
या घना कोहरा
साथ साथ प्रभो चलना
अंत समय
फिर हिसाब कर के
यह प्राण ले जाना
छोटी सी अरज
सुनना।

# इला उपाध्याय

इला उपाध्याय आर्मी गुडविल पब्लिक स्कूल पहलगाम, अनंतनाग (कश्मीर) की प्रधानाचार्या हैं। यह एक प्रतिष्ठित बोर्डिंग स्कूल है जो भारतीय सेना के तत्वाधान में 2008 से चल रहा है। इला विभिन्न प्रकार के क्षेत्रों में जैसे, पढ़ाई, खेल, वाद विवाद प्रतियोगिता और कला में बढ़-चढ़ कर हिस्सा लेती हैं। इला ने जम्मू यूनिवर्सिटी से बीएड किया है एवं गुरु नानक देव विश्वविद्यालय, अमृतसर से अंग्रेजी में स्नातकोत्तर डिग्री की है एवं शिक्षा में स्नातकोत्तर की डिग्री ली है। फ्रेंच में तीन साल का एडवांस डिप्लोमा भी किया है।

आप जूडो में पंजाब राज्य में रजत पदक विजेता रही हैं।

हाफ़ मैराथन धावक, इंटर कालेज तैराक, ट्रेल धावक, Duathlete धावक में दिल्ली में दूसरा स्थान प्राप्त किया है।

इला ने राष्ट्रीय स्तर पर वाद विवाद प्रतियोगिता में भाग लिया है।

अभी कुछ समय पहले Happiness Coach का कोर्स भी किया है और आजकल नियोरोलिंगवैसटिक प्रोग्रामिंग सीख रही हैं।

इला को गीत संगीत में भी रुचि है, कविता, गीत लिखना पसंद है। वह सकारात्मक सोच की मालिक हैं व खुशियाँ बिखेरने में विश्वास करती हैं।

विद्यार्थी देश के अच्छे नागरिक बनें यह पूरी कोशिश है और देश का नाम रोशन करें यही उनका उद्देश्य है।

# कितना आसान है औरत होना

इला उपाध्याय

किसी ने कहा कितना आसान है औरत होना,
चेहरे पर सुर्ख़ी, बिंदी और लाली लगाना है बस।


तो सुनो उसी सुर्ख़ी, बिंदी और लाली के पीछे बहुत कुछ हैं हम,
कभी नुमाइश नहीं करते अपनी जद्दोजहद की।


जो छुपा रखी है एक क़रीने से लगाए काजल के पीछे,
कभी देखी है एक भी शिकन चेहरे पर हमारे,


किस क़दर ख़ुद को बेइंतहा मज़बूत बनाया है।
यूँ तो कहने को बहुत नाज़ुक हैं हम।


सिर्फ़ तबस्सुम पे मत जा मेरे ऐ दोस्त,
इक आग सी छुपा रखी है अंदर हमने।

# श्रुति शर्मा

श्रुति ने दिल्ली विश्वविद्यालय के मिरांडा हाउस से एम.ए.(हिंदी) में स्नातकोत्तर की शिक्षा प्राप्त की। इसके पश्चात बी.एड. की शिक्षा हासिल कर वे द एयर फ़ोर्स स्कूल में सन 2008 से हिंदी शिक्षण में कार्यरत हैं। 2018-19 में इन्हें "हिंदी विकास मंच" द्वारा "भाषा सारथी पुरस्कार" व हिंदी अकादमी द्वारा "भाषा गौरव शिक्षक सम्मान" से सम्मानित किया गया है।

# हिंदी मेरी भाषा

## श्रुति शर्मा

अपभ्रंश से हुआ आरम्भ जिसका,

बनी जननी आर्यावर्त की

अनेक भाषाओं की सेतु स्वरूपा


है जिसकी हम पर अनुकम्पा

हाँ वही मेरी भाषा है

हिंदी मेरी भाषा है


भारतवर्ष के उद्गाम की साक्षी

रामायण महाभारत की दर्शी

जिस भाषा में ज्ञान प्राप्त कर


अनेक ऋषियों ने बहाई ज्ञान गंगा

हाँ वही मेरी भाषा है

हिंदी मेरी भाषा है


देश हुआ था जब गुलाम

और मचा हर ओर कोहराम

तब भारतेंदु की कलम ने

जिस भाषा में सब को चेताया था
हाँ वही मेरी भाषा है
हिंदी मेरी भाषा है

भारतवर्ष में लहराया तिरंगा
हर ओर बही स्वतंत्रता की गंगा
भाव हुए मन के प्रफुल्लित

नव जीवन नव अभिलाषा
हाँ वही मेरी भाषा है
हिंदी मेरी भाषा है

नया दौर नया ज़माना
नए विचार नया तराना
आपस में भारत को एक कर

जिसने बुना नया ताना बाना
हाँ वही मेरी भाषा है
हिंदी मेरी भाषा है।

# दीपेन्द्र "दीपक"

दीपेन्द्र "दीपक" पेशे से एक सरकारी कंपनी मे इंजीनियर हैं लेकिन मशीनों के शोरगुल के बीच भी दिलों की मद्धम धड़कनों को सुन लेते हैं। वे पिछले लगभग 8-10 वर्षों से कविताओं के क्षेत्र में सक्रिय हैं। वे दर्जनों कवि सम्मेलनों में अपनी उपस्थिति दर्ज करवा चुके हैं और अनेकों पत्र-पत्रिकाओं में उनकी कविताएं प्रकाशित हो चुकी हैं। उनकी कविताओं का प्रथम संग्रह "बावरा बाँकपन" नाम से जल्दी ही प्रकाशित होने वाला है।

# भूखा किसान

दीपेन्द्र "दीपक"

रोटी की सौंधी खुशबू से,
जो सबकी थाली महकाता है
वो किसान अक्सर देखा है,
खुद भूखा रह जाता है

इतने वर्षों के बाद भी उसकी
फसल है क्यूँ भगवान भरोसे
कमल को इसके लिए दुआ दें
या पंजे को जी भर कोसे

उसके जीवन-मरण के मुद्दों पर
चर्चा होती उन कमरों मे
बिसलेरी की बोतल के संग
जहां पे बंटते गरम समोसे

हर मीटिंग मे तय हो जाती
अगली मीटिंग की तारीख
इससे ज्यादा इन नेताओं को
कुछ नहीं बुझाता है
रोटी की सौंधी खुशबू से
हमने माना तुम धन-दौलत का

अंबार लगा लोगे

पर क्या रोटी के बदले में

नोट करारे खा लोगे


अगर वक्त रहते नहीं चेते,

तो खुद ही ये बतलाओ तुम

आने वाली नस्लों से तुम

कैसे नज़र मिला लोगे


अभी महज ये एक सपना है

फिर भी बड़ा भयावक है

बन जाए न कहीं हकीकत

दिल मेरा घबराता है

रोटी की सौंधी खुशबू से..।

★ ★ ★

# कबिता महारणा

कबिता पेशे से लेखिका है और वर्तमान tcs में कार्यरत हैं। वैसे तो वह अपना कार्यनिर्वाह तकनीकी विषयों पर लिखकर करती हैं पर प्रकृति और मानवीय भावों को शब्दों मैं ढालने में उन्हें ज्यादा रुचि है और वही उनके प्रेरणा के स्रोत भी हैं। उनके लिखित ब्लॉग और कवितायें स्टोरीमिरर या फिर लिंक्ड इन में पढ़ा जा सकता हे। कबिता देश विदेश के भिन्न-भिन्न व्यंजन बनाने में रुचि रखती हैं। भविष्य में वह लघु कहानियों पर आधारित एक किताब प्रकाशित करने की आशा रखती हैं।

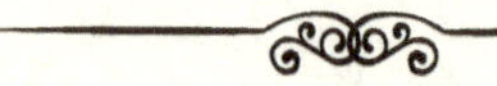

# तुम हो कुंदन से

## कबिता महारणा

तुम पूछते रहे कि क्यों मैं हँसती रही!

क्यों बिना हारे मुट्ठी भर प्यार सब में बांटती गई!

भले ही तुम्हें मेरा लाड़ दुलार बस एक दिखावा, एक मुखौटा लगे,

पर मैं तो आशावादी हूँ, क्या करूँ,

प्रकाश को ढूंढ ही लेती हूँ अंधकार के आगे।

मेरे लिये तो रोशनी तब भी थी जब मैं तुम्हारे अनुराग में सरोवर थी,

और तब भी जब वियोग के पथ पर अकेली मीलों तक चली थी।

मानती हूं तुम जीवन की झंझा में देर तक झुलसे,

पर क्यों कोयले के कालिख को देखो जबकि तुम हो कुंदन से।

तुम मानो या न मानो, अभी भी तुममें से आशा की आभा झलकती है,

मन के दर्पण में एक बार झांक कर तो देखो,

एक नया प्रभात तुम्हारे आलिंगन को आतुर है।

# यशराज मालवी

यशराज भारत के हृदय राज्य मध्य प्रदेश के छिंदवाड़ा जिले के अमरवाड़ा नामक जगह पर रहते हैं। हैप्पी अवर्स विद्यालय के नवमी कक्षा के विद्यार्थी हैं। पर वह पढ़ाई लिखाई के साथ साथ लेखन में भी अपनी रुचि रखते हैं। उन्हें अपने मन के विचारों को कागज पर लिखना बड़ा अच्छा लगता है। नए नए हिंदी के शब्द उन्हें बड़ा प्रभावित करते हैं।

नई-नई चीज़ें जानना, लोगों के जीवन की सच्ची घटनाएं सुनना और ज्ञानार्जन करना उन्हें पसंद है। उन्हें वीर रस और सांस्कृतिक विषयो पर कविताएं पढ़ना, सुनना तथा अलग अलग विषयो की प्रतियोगिताओं में भाग लेना अच्छा लगता है।

भविष्य में वह यूपीएससी एग्जाम को पास कर एक आईपीएस अधिकारी बनना चाहते हैं। उनका मानना है कि भविष्य में अपने देश की आगे बढ़ाने के लिए जितना उन से हो सके, वे उतना प्रयास करेंगे।

# पानी

## यशराज मालवी

चाहे नल की टप-टप हो,

या गले की गट-गट हो,

या प्रलय की छठ छठ हो,

यह उसके रूप की कहानी

अमृत है यह पानी।।


समुद्र में खारा -सा

कुंए में कुछ मधुर,

जात पात ना पूछे वह

चाहे नर हो या सुर,

नदियों में है साफ-सा

कीचड़ में कुछ काला

ऐसी कुंजी रहता वो

खोले पिपासा का ताला

राजा पिए और रंक पिए

नौकरानी पिए या रानी

भेदभाव ना करता वो,

अमृत है यह पानी।।

यही है जो रुद्र के शीश से आता है

यही वह जो पौधों को प्राण पहुंचाता है,

यही वह जो बादलों से गिरे तो

हरियाली लाता है

और यही वो दिव्य नीर जिससे

तपस्वी कुंभ में नहाता है,

यही वह जिसकी मूल्यता

जग को बतानी,

अमृत है यह पानी।।


बड़ी बड़ी नदियों में रहता,

आता है सरोवरों में

घर में आता वह हमारे,

गृहस्थी उसकी घड़ों में

निराकार सा रहता वो,

हर अवस्था में ढलता जाए,

पड़े वही शैवालों में पल पल बढ़ता जाए

यही वह जिसकी बर्तनों से दोस्ती है पुरानी,

अमृत है यह पानी।।


यही रक्षक यही भक्षक

यही हमारा प्राण दाता है

यही हमारा जीवन है

जिससे हमारा नाता है,

यही वह जिसकी कीमत

हमने ना पहचानी

बचाओ इसे,

अमृत है यह पानी।

# विवेक वर्मा

विवेक पेशे से एक रियल एस्टेट कंपनी के सीईओ हैं और दिल्ली से हैं। बचपन से ही कविता शायरी और शास्त्रीय संगीत की तरफ रुझान रहा है जो उनके पिता की देन है। जीवन की सच्चाइयों और संघर्षों से लिखने की प्रेरणा उन्हें मिलती रही है। अपने खाली वक़्त में उन्हें ग़ज़लें सुनना और लिखना पसंद है। आपने एक किताब "जलता पानी" जो ACID ATTACK SURVIVORS के जीवन पर आधारित है, उसका संपादन भी किया है।

# मेरा जीवन मेरा संघर्ष

## विवेक वर्मा

झेलने दो सच मुझे

तुम झूठ से बहलाओ मत,

जितना चाहे दर्द दो,

ज़ख्मों को तुम सहलाओ मत


समझना चाहो तो डूबो

तुम भी मेरे साथ में,

बैठ कर साहिल पे तुम

गहराइयाँ बतलाओ मत


धूप को पीने दो

अपने जिस्म का थोड़ा लहू,

जीतना है खुद चलो,

तुम रास्ता दिखलाओ मत


चूमेगी कदमों को मंज़िल

सिर झुकायेगी कज़ा (मौत)

सीना है फौलाद का

तीरों से तुम घबराओ मत

छोटे बच्चों को ना रोको,

खेलने दो रेत में

पाक रहने दो उन्हें,

अपना गणित सिखलाओ मत!

# सतीश कुमार

सतीश कुमार शिक्षा विभाग में प्रधानाध्यापक पद पर कार्यरत है। एम.ए.-बी.एड.में उनका विषय हिन्दी साहित्य रहा है तथा नेट -जे आर एफ में भी विषय हिंदी साहित्य रहा है। उनकी साहित्य में बहुत रुचि है एवं कविताएं लिखते हैं। कई साहित्यिक मंचों एवं आकाशवाणी में उनकी कविताओं का प्रसारण हो चुका है। उन्हें यात्रा और कला पसंद है।

# एक राष्ट्र : प्रबल राष्ट्र

सतीश कुमार

जब एक दीये की बाती से,
अंधकार मिट जाता है,
इसी बात को नर समझे,
तो राष्ट्र उदित हो जाता है।

तू-तू मैं-मैं इन शब्दों में,
मानव क्यूँ फंस जाता है,
ऐसा भी क्या लालच है,
हृदय कठोर बन जाता है।

प्रेम भाव अपनाने से,
हर धर्म का संगम होता है,
राष्ट्र प्रबल हो जाता है व,
दुश्मन देख के रोता है।

फूल-फूल एक डोर में पिर,
हार का रूप लेता है,
बूंद-बूंद एक घट में गिर,
मानव को जीवन देता है।

हर धर्म-भाषा अलग है,
पर वाणी में मिठास घुले,
हर धर्म इमारत अलग है,
वहाँ इंसान के पाप धुले।

राष्ट्र एक हो जाने से,
श्रेष्ठता का जन्म होता है,
राष्ट्र प्रबल हो जाता है व,
दुश्मन देख के रोता है।

बैर भाव का त्याग करें,
प्रीत का बंधन अपनाओ,
राष्ट्र नींव मजबूत बना,
धर्म दीवारें मत बनवाओ।

जब सोने की चिड़िया के,
पर कतरे आजादी पहले,
स्वर्ण रहे ये भारत बस,
सोच नई आबादी बदले।

एक सूत्र हर धर्म बंधे तो,
देश हृदय नम होता है,
राष्ट्र प्रबल हो जाता है व,
दुश्मन देख के रोता है।

# संदीप गुप्ता

संदीप ने राजस्थान यूनिवर्सिटी से कम्प्यूटर में बी.टेक करने के बाद देश विदेश की कई IT कंपनियों में कार्य किया। अग्रणी हिंदी पत्रिकाओं 'हंस' और 'कथादेश' में उनकी कुछ कहानियाँ और लघु कथाएँ छपी हैं साथ ही विभिन्न इलेक्ट्रॉनिक पोर्टल पर उन्होंने २०० से अधिक कविताएँ लिखी हैं और कई यू-ट्यूब वीडियो में गीत भी लिखे हैं। वर्तमान में संदीप एक पूर्ण कालिक स्वतंत्र अनुवादक, गीतकार और लेखक हैं और लघु और फ़ीचर फ़िल्म के लिए कथा, पटकथा लिखने में ज़्यादा समय बिताते हैं। उन्हें हिंदी, अंग्रेज़ी के अलावा जापानी, संस्कृत और ब्रेल में विशेष रुचि है।

# एक बोरिंग कपल

## संदीप गुप्ता

ना गलबहियाँ डाली,

ना चुम्बन जड़े,

मैं और तुम,

ना जाने क्या ढूँढ रहे थे,

उठती गिरती लहरों में,

बस बैठे बैठे,

गोवा के तट पर।


जब अन्य युग्म,

लहरों के अस्तित्व से बेख़बर,

डूबे हुए थे एक दूसरे में,

आलिंगनबद्ध,

गिन रहे थे सांसें एक दूसरे की,

मैं और तुम,

खोए थे, गिनने में,

बनती, बिखरती लहरों को,

मानो अगले दिन,

परीक्षा में पूछा जाना हो प्रश्न,

कि 'कितनी लहरें थी गोवा के समन्दर में'।

मैं और तुम,

गोवा के तट,

शायद,

लहरों में, ढूँढ रहे थे,

ख़ुद का अस्तित्व।


सुना है कि,

एक बला की ख़ूबसूरत जादूगरनी रहती है गोवा में,

जो अपने होंठो से छूकर,

ढलते सूरज की लाल-नारंगी रोशनी को,

बदल देती है रंगीन रातों में,

और उगते सूरज को,

बाँहों में भर,

भर देती है मदहोशी,

पूरे गोवा में।

सुना तो ये भी है,

कि उसके जादू से,

बच नहीं पाया है कोई आज तक,

जो आता है एक बार,

बार बार खींच लाता है उसे,

इस जादूगरनी का जादू,

गोवा के तट पर।


कहते हैं कि,

प्यार को परवान चढ़ाने,

खोया प्यार पाने,

और रूठे यार को मनाने,

गोवा से अच्छी जगह कोई और नहीं।

दो दिन के लिए आए थे हम गोवा,

और रुक गए ५ दिन,

जादूगरनी का जादू चल गया है शायद,

तुम पर भी और मुझ पर भी,

क्या मिल गया जिसे पाना चाहते थे हम?

क्या मना लिया उसे जो रूठा बैठा है?

गोवा के तट पर,

ना गलबहियाँ डाली,

ना चुम्बन जड़े,

मैं और तुम,

बस लहरें गिनते रहे ५ दिन,

वाकई!

कितने बोरिंग कपल हैं हम!

★ ★ ★

# अनुराधा. के

श्रीमती अनुराधा के, मंगलूरू, कर्नाटक के कर्मचारी भविष्य निधि संगठन, क्षेत्रीय कार्यालय में वरिष्ठ अनुवाद अधिकारी के रूप में कार्यरत है। आप की मातृभाषा कन्नड़ है। आपने मैसूरु विश्वविद्यालय द्वारा बी.कॉम, दक्षिण भारत हिन्दी प्रचार सभा, चेन्नई द्वारा राष्ट्रभाषा प्रवीण, मैसूरु विश्वविद्यालय से हिन्दी के अतिरिक्त संस्कृत भाषा में स्नातकोत्तर उपाधि प्राप्त की है। आपने, केंद्रीय अनुवाद ब्यूरो, बेंगलूरु से अनुवाद प्रशिक्षण तथा केंद्रीय अनुवाद ब्यूरो, नई दिल्ली से उन्नत स्तरीय अनुवाद प्रशिक्षण भी प्राप्त किया है। अनुराधा जी संस्कृत, कन्नड़, हिंदी व अंग्रेजी भाषाओं को जानती हैं।

राजभाषा कार्यान्वयन क्षेत्र में करीब 31 सालों के अनुभव के साथ ही आप को वैज्ञानिक और तकनीकी अनुवाद से लेकर सभी तरह का अनुवाद करने की क्षमता है। विभिन्न साझा हिंदी काव्य संकलन, कहानी तथा आलेखों के संग्रहों में करीब 80 रचनाएँ प्रकाशित हैं। आपने कन्नड़ भाषा में भी 300 से ज्यादा कविता, कहानी व लेख आदि लिखे हैं। आकाशवाणी, मंगलूरू द्वारा आप के विभिन्न हिंदी पाठ प्रसारित हुए हैं।

राजभाषा कार्यान्वयन में श्रेष्ठ निष्पादन के लिए भारत सरकार, राजभाषा विभाग, गृह मंत्रालय, दक्षिण क्षेत्र द्वारा वर्ष-2015-16 के दौरान आंध्र प्रदेश एवं तेलंगाणा के माननीय राज्यपाल महोदय श्री एस एल ई नरसिंहन जी के कर कमलों से प्रथम पुरस्कार से तथा वर्ष-2017-18 के दौरान केरल के महामहिम राज्यपाल जस्टिस एम.सदाशिव के करकमलों से तृतीय पुरस्कार से सम्मानित आप मंगलूरू नगर राजभाषा कार्यान्वयन समिति द्वारा 27 बार पुरस्कृत हुई हैं। विभिन्न साहित्यिक संस्थाओं से जुड़ने के साथ ही फेसबुक एकल ऑनलाइन कार्यक्रमों सहित, विभिन्न ऑफ लाइन कार्यक्रमों में अध्यक्षता, संकाय सहायता, प्रतिभागिता की है।

# जय भारती

## अनुराधा. के

जय हो आज दिन है भारत के गणतंत्र,

रह पाए हैं हम, अब सर्व-स्वतंत्र।

लहराकर आज अपना तिरंगा प्यारे,

रहे सदा पुलकित भारतवासी न्यारे।


जलाकर राष्ट्र प्रेम की नित ज्योत,

संवहन हो जन-जन के मन में संप्रीत।

लेकर भावैक्यता का सदा प्रण,

चलें, चुकाएं अपनी मातृभूमि का ऋण।


स्वीकारें माँ की ममकार की सारी भाषा,

सौहार्दता ही भारत माँ की सदभिलाषा।

रक्षा करें सदा माँ, बहन, बेटी की,

माँ की गोद की नित हरियाली की।


हम सब हैं इस गणतंत्र में स्वयं प्रभु,

प्रभुता दर्शाने में खोए न कभी अपना काबू।

राष्ट्र प्रगति का प्रण लिए सर्वदा,

न आने दें माँ पर कभी कोई आपदा।

रहें गर्व सदा माँ भारती की आबरू पर,

आँच न आने दें कभी तृण मात्र उस पर।

रहें सदा माँ भारती नित दिन स्वतंत्र।

अनुरणित रहें सदा ये जय भारती मंत्र।

# खुशी किशोर

खुशी योगा और नेचुरोपैथी थैरेपिस्ट एवम प्रशिक्षिका हैं लेकिन दिल से लेखिका हैं। विज्ञान की छात्रा रह चुकी खुशी भाषा के प्रति अपने लगाव की वजह से हिंदी में पोस्ट ग्रेजुएशन कर रही हैं। लेखन में विशेष रुचि रखने वाली खुशी ने योगा से संबंधित लेख भी लिखे है जो अलग अलग जगहों पर प्रकाशित हुए हैं। नियमित ब्लॉग लिखना, लोगों को अपने स्वास्थ्य के प्रति जागरूक करना, अलग अलग जगह की यात्रा करना, बागवानी करना और अपने देश की संस्कृति से जुड़ी कलाकारी को प्रोत्साहित करना उन्हें आत्मसंतुष्टि देता है।

खुशी का मानना है कि लेखनी अपनी बात आसानी से दूसरों तक पहुंचाने का सबसे सशक्त माध्यम है।

# वो सतरंगी पल

## खुशी किशोर

नयनों में उतर आए आज फिर
यादों में लिपटे वो सतरंगी पल।

हर पल जैसे रंगों का ताना बाना
ख्वाब थे सजे कई इन आँखों में।

तितलियों से उड़ते इठलाते
हर ख्वाब की है एक कहानी।

थे कुछ जुगनुओं से टिमटिमाते
कुछ आसमां के थे झिलमिलाते सितारे।

कभी लबों पर सजे मुस्कुराहट बन
कभी नयनों को हौले से छलकाते।

स्मृतियों के झरोखों से झांक कर
मन को गुदगुदाते वो सतरंगी पल।

एक बार फिर उन स्मृतियों में
दो पल को गुनगुना लूँ मैं।
कुछ बूंद नयनों से छलका कर

लबों पर मुस्कुराहट सजा लूँ मैं।


जी लूँ उन लम्हों को एक बार फिर
क्षितिज पर इंद्रधनुष सजा लूँ मैं।

# नीति निर्वाण

नीति पेशे से एक बिजनस ऐनलिस्ट हैं। फ्रेंच, स्पैनिश और उर्दू की ज्ञाता, नीति अलग-अलग विदेशी भाषाओं को सीखना पसंद करती हैं। वे कला प्रेमी हैं और उन्हें शौक़िया तौर पर कविताएँ लिखना और चित्रकारी करना बेहद पसंद हैं। वो प्रकृति प्रेमी और नियमित यात्री भी हैं और साथ ही फ़ोटोग्राफ़ी उत्साही भी। वे समय-समय पर सोशल मीडिया के माध्यम से अपनी चित्रकारी, कविताएँ और फ़ोटोग्राफ़ी साझा करती रहती हैं। कॉर्पोरेट जगत में काम करने के बावजूद भी वे कला और प्रकृति से नियमित रूप से जुड़े रहना पसंद करती हैं। उनका मानना है कि कला और प्रकृति के अभाव में जीवन नीरस हो जाता है।

# श्याम

## नीति निर्वाण

वो श्याम रूप, तेज़ सा,

अखंड भाव, परिपक्वता,


विक्षिप्त नयन,

क्रोधित एक क्षण,

माया ग्रस्त,

पिघल गये,

मोम से,

जो पुष्प मुख पर पड़े


उत्तेजना के द्वार से,

विनम्र द्वार को चले,

मंत्रमुग्ध, वशीभूत,

नयन सिंधु में बह चले


वो पुष्प मुख,

देवी स्वरूप

देखे जो श्याम,

चोर चक्षु से

सुगठित, सुडौल,
श्यामरूप
मोहनी ध्यान
धर लिये

आश्वस्त स्वयं के रूप से,
उद्विग्न मन को स्थिर किये

मंद स्मित के बाण से,
श्याम ठग लिये,
बंदी किये...

# डॉक्टर अभिषेक कुमार

डॉक्टर अभिषेक कुमार व्यावसायिक रूप से सूचना प्रौद्योगिकी में आर्किटेक्ट हैं परंतु विदेश में रहकर भी हिंदी कहानियों और कविताओं से अपना रिश्ता बनाए रखते हैं। सम्वेदनशील और प्रेम में डूबी कवितायें और छोटी कहानी लिखने के अलावा वे जीवन को एक कलात्मक रूप से जीने में यक़ीन रखते हैं। खेल में बैडमिंटन और टेनिस के अलावा वो कैन्वस पे रंग उतारने से नहीं कतराते!

अपने जीवन में ४० से ज़्यादा देश घूम चुके हैं और फोटोग्राफी के साथ-साथ वायलिन एवं सैक्सोफ़ोन भी बजाते हैं। डॉक्टर अभिषेक कम्प्यूटर एवं मैनेजमेंट में दोहरी मास्टर डिग्री के अलावा प्रबंधन में डॉक्टरेट हैंउनकी प्रेम कविताओं के मूल में उनकी पत्नी हैं जो युवा समय से लेकर पिछले ३२ वर्षों से उनके साथ हैं।

# तुम और मैं...

**डॉक्टर अभिषेक कुमार**

तुम बरसाती नदी के जैसे बहते हो

मैं एक पत्थर के माफ़िक़ खड़ी रहती हूँ

तपती धूप और गरमी में जब तन बदन जलने लगता है

तुम्हारे पानी के थपेड़ों से मिलती हूँ मैं

टकराते हो मुझसे और भिगाते हो मुझे

सुख की अजीब अनुभूति से परिचय कराते हो मुझे


मैं चाहकर भी बह नहीं सकती तुम्हारी तरह

क्यूँकि एक को तो रुकना है और जमे रहना है

मैंने ना रोका है तुम्हें ना रोकूँगी कभी

तुम निकल जाओ आगे लेकिन भले दुनिया समझती रहे कि

बरसाती नदी का रुख़ नहीं बदलता

लेकिन मुझे पता है तुम आओगे फिर से मेरे ही पास

मैं करूँगी इंतज़ार यहीं, खड़ी रहूँगी पत्थर के माफ़िक़

तुम आना अपना रुख़ बदलकर, अपना सफ़र तय करके

और छू जाना फिर से मुझे

भिगो देना मुझे

और मैं चुपचाप खड़ी होकर फिर से

तुम्हें जाती देखती रहूँगी

# दिनकर रेड्डी

दिनकर रेड्डी पेशे से एक इंजीनियर हैं लेकिन दिल से एक लेखक हैं। उन्हें शायरी और कहानी लिखना पसंद है।

वह किताबों की अलग शैली पर प्रयोग करने में बहुत रुचि रखते हैं, उनका पोएट्री कलेक्शन "Tailored Memories" का प्रकाशन स्टोरीमिरर के द्वारा किया गया है।

# ये तो प्रेम हैं ना?

### दिनकर रेड्डी

खूब हॅंसा था

आपसे मिलने के बाद

शायद आपने हॅंसाया

दिन रात हजार बार आपके मुँह से मेरा नाम सुना था

साल भर आपके चेहरे पर एक अनमोल मुस्कान थी

सोचा था ये जिंदगी भर का रिश्ता है

जब आप मुझसे दूर हुए

पहली बार डर लगा

जिंदगी जीने का डर लगा

खुदके आंसू पीकर जीना पड़ा

मुझे एहसास हुआ मैं प्रेम में हूँ

सच में

ये पहली बार है

सुनो ना

सखी

ये तो प्रेम हैं ना

पवित्र प्रेम हैं ना

राधा-कृष्ण जैसा प्रेम हैं ना।

# अंतरिक्ष साहा

इनका नाम अंतरिक्ष साहा है। ये पेशे से कोलकाता में इनफॉर्मेशन टेक्नोलॉजी कंपनी मे कार्यरत है। इनका शौक लिखना है। ये मूलतः छोटी कविता और कहानी हिंदी इंग्लिश बंगाली मे लिखते है। इन्हे लिखने की प्रेरणा जिंदगी देती है। इनके लिए सही से लिखना बिना सोचे कहने से बेहतर होता है।

# कागज़ का टुकड़ा

अंतरिक्ष साहा

कितनी बार लिखता और फिर

फैंक देता कागज़ का टुकड़ा


तुझे लिखते समय

खुदा ने भी लिख कर मेरे लिए तुझे,

फेंक दिया होगा टुकड़ा कहीं।

★ ★ ★

# पंकज वधावन

पंकज वधावन (Pankajj K Wadhawan) पेशे से एक इलेक्ट्रिकल इंजीनियर होने के साथ साथ एक संजीदा लेखक भी है। जो कविता और कहानी दोनों लिखने में रूचि रखते है। वह ऑनलाइन प्लेटफॉर्म और सोशल मीडिया पर भी अपने भावों को व्यक्त करते रहते है। वह पिछले साल एक कविता संग्रह "कुछ इश्किया कुछ ज़िन्दगी" अपने कवि मित्र के साथ प्रकाशित कर चुके है। स्टोरिमिरर पर उनकी कई कविताऐं प्रकाशित है। उनके सोशल मीडिया पर फेसबुक पेज @pankajjwadhawan और इंस्टाग्राम पर #pankajj_wadhawan अकाउंट है, जिस पर समय समय पर अपने भाव प्रकट करते रहते है।

इसके अलावा म्यूजिक सुनना और गिटार बजाना इनका चुनिंदा शौंक है।

# अकल्पनीय दृश्य

## पंकज वधावन

आसमान क्यों साफ़ है दिख रहा

धूल धुआँ नहीं कहीं है छाया हुआ

शीत सी ठंडी पवन है चल रही

ना जाने कहाँ से आयी चिड़िया है चह-चहा रही


दूर देखो तो पहाड़ियां है दिख रही

छुपी हुयी थी अब तक इक राज सी

उस राज से भी पर्दा है हट गया

या यूँ कहूँ..धुआँ जो बादलों में था वो छँट गया


क्यों फ़िज़ाओं ने अचानक है करवट बदली

मौसम है बदला या मौसम की फितरत है बदली

ये देख कर हैरान मैं भी हो रहा हूँ

इस दृश्य को देख कुछ विचार मन में संजो रहा हूँ


ऊँची-ऊँची इमारतों में सन्नाटा बसर था

खिड़कियों के दरवाज़ों पर हर वक़्त पर्दा ही था

हो रहे हैं आज रोशन किस चमक से

क्यों मच रहा है शोर आज उन्ही घरों से

अनजान चेहरे जाने पहचाने से हैं लग रहे

सुकून की मुस्कुराहट से कैसे पलों को है ठग रहे

कल तक जिसकी कदर नहीं थी किसी को

आज वही लोग अनमोल हैं लग रहे


काश यूँ हीं बीत जाये ज़िंदगी सुकून में

बस भाग रहे थे किस जीत के जुनून में

ये ठहराव जो वक़्त ने दिया है

समझ जाये गर इशारा जो कुदरत ने किया है


तो फिर स्वर्ग धरती पर बन जायेगा

आने वाला कल खिलकर मुस्कुराएगा

आने वाला कल खिलकर मुस्कुराएगा।

★ ★ ★

# रविन्द्र राघव

रविन्द्र राघव बहुमुखी प्रतिभा के धनी हैं। वे पेशे से बायोमेडिकल अभियांत्रिकी एवं आपूर्ति श्रृंखला प्रबंधन में विशेषज्ञता रखतें हैं और अभी भारत के जाने-माने उच्चतम संस्थान में कार्यरत हैं। रविन्द्र राघव पिछले दो दशकों से ज्यादा समय से ज्योतिष शास्त्र का भी अभ्यास कर रहे हैं और साथ ही वे हिन्दी शायरी एवं कविताओं में गहरी रूचि रखते हैं।

इनकी शायरी एवं कविताएं राष्ट्रीय हिन्दी दैनिक समाचार पत्र में भी प्रकाशित होती रही हैं जिन्हें उनके प्रशंसकों द्वारा बहुत पसंद किया जाता है।

इनकी पहली किताब "तुम्हारी हमारी ज़िन्दगी" जो शायरी और खूबसूरत कविताओं का संग्रह है साल 2020 में प्रकाशित हुई जिसे पाठकों ने बहुत पसंद किया।

# तेरी याद में

## रविन्द्र राघव

रात रोया बेहिसाब तेरी याद में
फिर भी तुम ना आए मेरे ख़्वाब में

खाएं ज़ख्म बेहिसाब तेरी तरफदारी में
फिर भी नहीं ऐतबार तुम्हें हमारी वफ़ा-दारी में

माना कि तेरे पहचान वाले बेहिसाब हैं दुनिया में
मेरी भी पहचान कर ले, अपने पहचानने वालों में

कहते हैं लोग खामियां बेहिसाब है हम में
फिर भी नहीं है दगे-बाज़ियाँ हम में

निकले लहू बेहिसाब चाहें हमारे जिस्म से
फिर भी नहीं जाएगा तेरा ख़्याल हमारे दिल से।

# प्रियंका राहुजा

प्रियंका राहुजा पेशे से एक शिक्षिका हैं। उन्होंने m.com किया है। उन्हें नृत्य करना बेहद पसंद है। उनकी यह पहली कविता है जो उन्होंने अपनी मां के गुजरने के बाद लिखी जिन्हें उन्होंने कोविड में खो दिया था। इस कविता के लिए उन्हें स्टोरीमिरर की ओर से सम्मानित किया गया है। स्टोरीमिरर ने उन्हें अपनी कला के लिए मंच प्रदान किया, इसकी वे आभारी हैं।

# माँ

प्रियंका राहुजा

वैसे तो याद नहीं आती मां

वैसे तो याद नहीं आती मां

बस सुबह उठकर पहली चाय तेरे हाथ की मिले

तब तेरी याद आती है।


जब कहीं जाने के लिए तैयार हो जाऊं

और तेरा कहना आज मेरी बेटी किसी

परी से कम नहीं-लग रही

तब तेरी याद आती है।


वैसे तो याद नहींआती पर जब आज

तेरी लाडली बेबी के घर जाती

और उनके नखरे देखती

कोई कहता मुझे आज गरम पुलाव खाना है

कोई कहता मुझे आज गरम रोटी खाना है

बस तब तेरी याद आती है।


बस तब तेरी याद आती है मां

जब घर में नोक झोंक हो

और तू मेरा पक्ष लेती बस तब।

आधी नींद में जब नींद खुले और हमारा चिल्लाना

मम्मी पानी.....और तेरा मटकी का ठंडा ठंडा पानी लाना
बस तब तेरी याद आती है।


वैसे तो याद नहीं आती पर
जब कोई मुसीबत आए और
तेरा साहसी रूप में कहना
मेरे वाहेगुरु पर भरोसा रखो
बस तब तेरी याद आती है।


बारिश में भीगकर आऊँ और तेरा कहना
पहले बाल पोंछ
बस तब तेरी याद आती है।


जब तेरे दोनों लाडले कही बाहर जाएं
और तेरा मेरा घर पर रहना
और गरम परांठेखाना
तब तेरी याद आती है।


आज जब घर पर मेहमान आते हैं
और कहते हैं कि तुम्हारी मां से ही
घर पर रौनक थी बस
तब तेरी याद आती है।


वैसे तो याद नहीं आती पर
जब आज मुझे कोई ये कहता

प्रिया तू तो बिलकुल अकेली पड़ गई

तब तेरी बहुत याद आती है मां।


जितना लिखूं कम है

पल पल तेरी याद आती है मां

पर फिर भी....

वैसे तो याद नहीं आती मां

वैसे तो याद नहीं आती मां।

# जयंत तपादार

जयंत तपादार विवेकानंद केन्द्र विद्यालय, धेमाजी (असम) में शिक्षक कार्यकर्ता के रूप में कार्यरत हैं। उनके कर्मजीवन की शुरुआत वर्ष २००३ को "जे.एन.के पब्लिक स्कूल", ईटानगर (अरूणाचल प्रदेश) से हुई। फिर वे वर्ष २००५-२००६ तक "द लिटिल एंजिल स्कूल", ढेकियाजुली, शोनितपुर (असम) में सेवा प्रदान कर वर्ष २००६ के जून महीने में विवेकानंद केंद्र विद्यालय, नलबाड़ी (असम); २००७ में वि.के.वि., लाईपुली, तिनसुकिया (असम); फिर कुछ महीनों तक वि.के.वि., गोलाघाट (असम) में अपनी सेवा प्रदान कर अगस्त २००८ से वर्तमान समय तक वि.के.वि., धेमाजी में कार्यरत हैं। वे वर्ष २०११ को विवेकानंदपुरम, कन्याकुमारी में आचार्य प्रशिक्षण शिविर में भाग ले चुके हैं। वे Teacher Eligibility Test-2012 --(Lower Primary एवं Upper Primary) उत्तीर्ण हैं। उन्हें CBSE, कक्षा दसवीं की बोर्ड परीक्षा में अंग्रेजी विषय में अपने विद्यालय के शिक्षार्थियों के प्रशंसनीय परीक्षा-फल हेतु वर्ष २०१५ को मानव संसाधन मंत्रालय, भारत सरकार की तरफ से प्रशंसा-पत्र प्राप्त हुआ है। वे "दि असम ट्रिब्यून" (The Assam Tribune) में लेख, कविताएँ, पत्र, क्विज़ (quiz) इत्यादि, "द सेंटिनल"(The Sentinel) में कविताएँ और पत्र, "पूर्वांचल प्रहरी" में लेख और कविताएँ; "Yuva Bharati" एवं धेमाजी जिले के विभिन्न महाविद्यालयों की वार्षिक पत्रिकाओं में लेख लिखा करते हैं। वे कई UGC Sponsored National Seminars में भाग ले चुके हैं। वे निरंतर ई-संगोष्ठियों (webinars) में भाग लिया करते हैं। वे MyGov पोर्टल पर निरलस लिखते हुए "ChangeMaker" बनने में सक्षम हुए हैं। कविता आवृत्ति करना उनका शौक है। उन्हें प्रेरणादायक किताबें पढ़ना एवं भजन-कीर्तन सुनना बहुत पसंद है। वे "स्टोरीमिरर" पर अपना अनुभव साझा कर स्वयं को सौभाग्यशाली मानते हैं एवं पूरी ईमानदारी से अपनी साहित्य-सेवा प्रदान करने को निरंतर प्रयासरत हैं।

# मातृभूमि

**जयंत तपादार**

मेरे देश की

हर बात ही निराली है...!

मेरा देश भारत

विश्वगुरु के

सर्वोच्च आसन पर

विराजमान है।

ये देश उत्तर में

जम्मू और काश्मीर से

दक्षिण में

कन्याकुमारी तक विस्तृत है।

ये देश पूर्वोत्तर से

कच्छ तक संगठित है।


मेरे देश में

सांस्कृतिक एकता की

शक्ति है...

मेरे देश में

सांप्रदायिक सौहार्द्र एवं

सद्भाव की सकारात्मकता

प्रकाशमान है!

ऐ दुश्मन देश! मेरे भारत को

विभाजित करने के
सब हथकंडे
बेशक़ बेकार जाएंगे...!
मेरे भारतवर्ष में
विश्व भातृत्वबोध
को जाग्रत करनेवाले
राष्ट्रवादी संत
स्वामी विवेकानंद जी ने
युवा शक्ति को
एकजुट करने में
अपना पूर्ण निस्वार्थ
योगदान दिया...
तभी हम आज
स्वयं को
अपने घर में
सुरक्षित एवं सुखी
महसूस करते हैं।

हम सगर्व कहते हैं :
"हमारा देश
गौतम बुद्ध और गुरुनानक देव
की पावन जन्मभूमि है!"
हमारे देश में
बापू को आदर्श माना जाता है।
हमारे देश में

सर्वधर्म समभाव को
महत्व दिया जाता है...
यहाँ की मिट्टी में
सोने जैसी फसल उगाते
परिश्रमी किसान
अपना सब कुछ
न्यौछावर करते
नहीं थकते।

हाँ, मुझे
अपनी मातृभूमि पर
बहुत गर्व है! गर्व है! गर्व है!

# अनिल पंडित

अनिल पेशे से व्यावसायिक है। उन्हें जनमानस को जीवन उपयोगी जानकारी पहुँचाना पसंद है। साहित्य उन्हे प्रेरित करता है। वह मराठी हिन्दी भाषा में लेख, कविता, सुविचार लिखने की अनूभूती रखते हैं। स्टोरीमिरर ऑनलाइन पोर्टल पर उनकी कविताएं प्रकाशित हुई हैं। वह साहित्यिक प्रतियोगिताओं और साहित्य समारोहों में उत्सुकता से भाग लेते हैं। उन्होंने महाविद्यालय मे हिंदी का अध्यापन कार्य किया है। उनके आयएसबीएन के अजंता प्रकाशन औरंगाबाद में लेख प्रकाशित हैं। उन्होंने 2010 में बीएड, 2012 में एमएड किया है। उन्हें यात्रा करना तथा लिखना बहूत पसंद है।

# घर तो घर है

## अनिल पंडित

घर तो घर है

यहाँ बसता दिलों का द्वार है

मेरे घर में चारों ओर रौनक है

मेरा घर ही मेरी जान, मेरी पहचान है

चिड़ियों का यहाँ बसेरा है

मेरे घर के आंगन में उनका डेरा है

दीवारों पर सजी तस्वीरें हैं

बोलती हुई नजर की एक जुबान है

लिखी हुई मेरी रचनाएँ

यहाँ उनकी एक दास्तान है

ये घर तो मेरा घर है

महक महक फूलों की यहाँ पर

तितलियाँ आती है डाल डाल पर

मेरा घर तो मेरा है

ये दुनिया में सबसे प्यारा है।

# योगेश्वर दयाल माथुर

८३ वर्ष के योगेश्वर दयाल माथुर पेशे से टेक्नोक्रेट रहे हैं। आपने ४० वर्ष एक जर्मन मल्टीनेशनल कंपनी में काम किया और आखिर के १० वर्ष कंपनी के बोर्ड ऑफ़ डायरेक्टर्स(एग्जीक्यूटिव डायरेक्टर) के पद पर रहे। आपने बॉम्बे यूनिवर्सिटी से केमिस्ट्री ऑनर्स किया है। आप पेशे से फोटोग्राफिक केमिस्ट्री के साइंटिस्ट हैं और फोटोग्राफिक साइंस की इंटरनेशनल साइंस आर्गेनाईजेशन की मैनेजिंग कमेटी के मेम्बर भी रहे हैं। अब आप सेवानिवृत्त हैं।

आपको लिखने का शौक़ बचपन से था। आपकी कई रचनाएँ स्टोरीमिरर में प्रकाशित हैं। जिनमें से कुछ टू स्टोरीज़ हैं। इनकी सभी रचनाओं की एडिटिंग में इनकी पत्नी श्रीमती उषा का योगदान है।

योगेश्वर जी की ज्यादातर रचनाओं के साथ की तस्वीरें इनकी खुद ली हुई हैं। फोटोग्राफी के अलावा ये तबला भी बजाते हैं और आज भी नियमित अभ्यास करते हैं। ये देश विदेश काफी घूमें हैं। इन्हें अच्छे लेखकों को पढ़ने का शौक़ रहा है। आपको हिंदी, इंग्लिश और उर्दू में लिखना अच्छा लगता है।

# क्षितिज के उस पार

## योगेश्वर दयाल माथुर

करते हैं रोज़ डूबते सूरज का दीदार

सुर्ख हो जाता है समंदर और आसमान

दौड़ती चली आती हैं लहरें साहिल की तरफ

पलट जाती हैं बेझिझक चूमकर किनारे की रेत

सुकूं मिलता है देखकर ये अल्हड़ प्यार

चाहते हैं कर डालें लहरों से मन की बात


" उम्रदराज हैं तन्हा भी हैं

फारिग हैं सारे फर्जों से

न जरूरत है हमारी किसी को

न किसी को है हम से प्यार

ले चलो हमें भी अपने साथ

यहां से दूर क्षितिज के उस पार

मिलता है जहाँ सुकूं और प्यार "


पशोपेश लहरें बोलीं

न हों इस दुनिया से बेज़ार

नहीं मिलता वहां तसव्वुर का प्यार

रौनक के चार लम्हे कुदरत की फितरत हैं

रह जाता है वहां सिर्फ खला और अंधकार

दौड़े चले आते हैं हम भी किनारे तक

जमा करने यहाँ का खालिस प्यार

दूर चांद और सितारे जो खुश नजर आते हैं

हकीकत में मायूस और तनहा हैं

रोज़ उतर आते हैं जमीँ पर

बटोरने यहाँ की खुशियां और प्यार

रुखसत हुए इंसानों की रूहें भी

करतीं हैं संजीदगी से वापसी का इंतज़ार

नहीं हैं खुश उस जहाँ में कोई

मिलता नहीं वहां मन चाहा प्यार


दफा करें ख्याल रब से गुस्ताखी का

करें इंतजार उसके फरिश्तों का

बा दस्तूर ले जायेंगे आपको

दिखाएंगे सब्जबाग ले जाकर उस पार

दूर हो जाएगी खुशफहमी आपकी

बेशुमार खजाना है खुशियों का

क्षितिज के उस पार


मशवरा लहरों का जहीन था

नहीं हैं ख्वाहिशें नेमतों की

न है फरिश्तों का इंतजार

जो बाकी वक़्त है हमारे पास

करते रहेंगे शिद्दत से रोज़

डूबते सूरज का दीदार।

# बाल झोडगे

कवि व कथाकार बाल झोडगे जी का पूरा नाम बालासाहेब अन्ना झोडगे है। आपने मुम्बई विश्वविद्यालय से बी.कॉम. किया है। आपकी जन्मभूमि सांगली जिले के आटपाडी तहसील के माडगुळे गांव में है परंतु उन्होंने अपनी कर्मभूमि मुंबई को ही चुना। वे बेस्ट उपक्रम(मुंबई) के अवकाश प्राप्त सहायक जनसंपर्क अधिकारी हैं।

बाल झोडगे जी बेस्ट एस. सी./एस टी./व्ही.जे./एन. टी./एस.बी.सी.एम्प्लॉईज वेलफेयर एसोसिएशन, मुंबई नामक कामगार संगठन के संस्थापक सदस्य थे। उन्हें इस संगठन में इसके स्थापना वर्ष से लेकर 25 वर्ष तक सतत सक्रिय योगदान के लिए 'जीवन गौरव पुरस्कार-२०२२' से सम्मानित किया गया है। इसी संगठन के मुखपत्र 'बेस्ट जनता' के वार्षिक अंक के वे कार्यकारी संपादक भी हैं। लेखकीय दायित्व निभाने के साथ-साथ वे समाजसेवा में भी सक्रिय रुचि रखते हैं। बाल झोडगे जी सन २०२१ में 'ऑथर ऑफ दी इयर' सम्मान के लिये नामित हुये थे। इसी साल सन २०२१ में ही स्टोरीमिरर ने उन्हें 'ऑथर ऑफ दी वीक' से भी सम्मानित किया।

# भगवान की कृपा

## बाल झोडगे

दुकानदार भगवान से कहता है

हे भगवान! तू बड़ा दयालु, कृपालु है

मुझ पर तू कृपा कर......

मेरी दुकान ग्राहकों से हमेशा भरी रहे

मेरा माल अच्छे दामों में बिकता रहे

मैं उससे ज्यादा से ज्यादा मुनाफा कमाता रहूँ

और अपने परिवार को हर खुशी देता रहूँ!


डॉक्टर भगवान से कहता है

हे भगवान! तू बड़ा दयालु, कृपालु है

मुझ पर तू कृपा कर........

मेरा दवाखाना मरीजों से हमेशा भरा रहे

लोग बीमार पड़ते रहें और मेरा दवाखाना चलता रहे

मैं उनसे ज्यादा से ज्यादा पैसे कमाता रहूं

और अपने परिवार को हर खुशी देता रहूँ!


वकील भगवान से कहता है

हे भगवान! तू बड़ा दयालु, कृपालु है

मुझ पर तू कृपा कर........

मेरा दफ्तर मुवक्किलों से हमेशा भरा रहे

झगड़ा, टंटा, खूनखराबा, दंगा-फसाद होता रहे

मैं उनसे ज्यादा से ज्यादा पैसे कमाता रहूं

और अपने परिवार को हर खुशी देता रहूँ!

किसान भगवान से कहता है

हे भगवान! तू बड़ा दयालु, कृपालु है

मुझ पर तू कृपा कर........

मेरा खेत फसलों से हमेशा भरा रहे

मेरी फसलों को अच्छा भाव मिलता रहे

मैं उससे ज्यादा से ज्यादा पैसे कमाता रहूँऔर अपने परिवार को हर खुशी देता रहूँ


नौकरीपेशा भगवान से कहता है

हे भगवान! तू बड़ा दयालु, कृपालु है

मुझ पर तू कृपा कर........

मुझे कम से कम काम करना पड़े

मेरी तनख्वाह हमेशा बढ़ती रहे

मेरा बैंक बैलेंस बढ़ता रहे


और अपने परिवार को हर खुशी देता रहूँ!

उद्योगपति भगवान से कहता है

हे भगवान! तू बड़ा दयालु, कृपालु है

मुझ पर तू कृपा कर........

मेरा उद्योग बहुत अच्छे ढंग से फलता फूलता रहे

मेरा तैयार माल बाजार में अच्छे दामों में बिकता रहे

मैं उससे ज्यादा से ज्यादा धन दौलत कमाता रहूँऔर अपने परिवार को हर खुशी देता रहूँ!

मन्नत मांगने वालों की लंबी कतार देखकर,

और उन सब की मन्नतें सुनकर,

भगवान एकदम हक्का बक्का हो गये

'क्या करूं?' इस सोच में पड़ गये

यह देखकर नारद मुनि भगवान से कहने लगे

"किस किसको नाराज करेंगे भगवान, कह दो तथास्तु!"

भगवान को नारद मुनि का सुझाव सही लगा

और कह दिया सबको 'तथास्तु!'

तब से यह संसार इसी तरह चल रहा है!

# प्रसनजीत सरकार

प्रसनजीत पेशे से सेल्स और मार्केटिंग मैनेजर हैं जो एक नवरत्न स्टील कंपनी के लिए मुंबई में कार्य करते हैं। वह अभी डिजिटल मार्केटिंग में नरसी मोनजी संस्था से एमबीए भी कर रहे हैं। उन्हें स्टोरीमिरर के 'ऑथर्स ऑफ द ईयर' 2020 एवं 2021 के लिए नामित किया गया था। वह मुक्त छंद की कविता, कहानियां, स्वरचित गीत एवं संगीत में विशेष रुचि रखते हैं। वे एक प्रकृति प्रेमी हैं एवं उन्हें वॉलिंटियरिंग करना भी काफी पसंद है। वह एक संवेदनशील फोटोग्राफर और नियमित रूप से अपने स्वयं के वेबसाइट में ब्लॉगर भी हैं। प्रसनजीत बांग्ला, हिंदी, अंग्रेजी, मराठी और तेलुगु भाषाओं का ज्ञान रखते हैं।

# 'लता, आज चाय नहीं पिलाओगी?'

## प्रसनजीत सरकार

मानो कल की ही हो बात,

उनसे हमारी हुई मुलाकात

उनकी हाथ की चाय के क्या कहने हैं,

लगा जैसे जन्मों का अटूट बंधन हो,

बस हमसे संभला ना गया

और हम गलती कर बैठे

कि उनसे शादी कर बैठे!

हम आपसे शादी कर बैठे.


आप ने हमेशा समझाया,

रवि इस चक्कर में ना फँसो! बहुत पछताओग!

हमने बात पलट के उनसे पूछा,

एकटक बस वही पाँच शब्द-

'लता, आज चाय नहीं पिलाओगी?'


रवि और लता को जब हिमाद्रि और अभिलाषा हुए

तब हमने जिद रखी, हम एक को डाक्टर और एक इंजीनियर बनायेंगे

लता ने तब कहा हमसे, 'गर कवि और लेखक बन गये

तो क्या कम हो जायेगा आपका प्यार?

क्या नहीं होंगे इनके सपने साकार?'

आपने अपना समय दिया और साथ में हमारे हिस्से का भी,

समय नदी की भांति बहता गया,

लहर दर लहर समुंदर में हीरे-मोती, हीरे-मोती.

जब दो सुखद संसार बसे, एक कवि और एक लेखिका उभरे,

तब जाकर लता से पूछ लिये-

'लता, आज चाय नहीं पिलाओगी?'


जब साठ की सीमा लांघ लिये तब यौवन का ख्याल आया

कुछ मुरझाये गुलाब की पंखुड़ियां गालिब की किताब में दबे मिले,

आंखों के समंदर में डूबे रहे मेरे कुछ अरमान ऐसे निकले

कुछ धुँधलाये यादों में से उनकी तस्वीर बना लाये,

दस्तक देती है आज भी उनकी मुस्कान मेरे मन के द्वार

वही चेहरा याद आता है लता, मानो मिले थे जब हम दो पहली बार.

याद करता हूँ आज भी गुजरे हुए वह पैंतीस साल

जब तुमने कहा था, 'रवि मुझे एक वचन दो बस आखिरी बार,

मिलोगे तुम मुझे वही मेरे घर के द्वार,

मेरी चौखट पे तुम्हारी दस्तक का रहेगा इंतजार

मुस्कुराऊँगी उस बार, कम शरमाऊंगी,

पर बेझिझक बेबाक तुम मुझसे पूछना एक बार-

'लता, आज चाय नहीं पिलाओगी?'

★ ★ ★

# फ्रेडा नोरोनहा

फ्रेडा नोरोनहा एक केमिस्ट्री टीचर हैं लेकिन दिल से एक लेखिका हैं। उन्हें पौधे उगाना पसंद है। कला उन्हें आकर्षित करती है। वह किताबों की अलग शैली पर प्रयोग करने में बहुत रुचि रखती हैं। वह कहानी प्रतियोगिताओं और साहित्य समारोहों में उत्सुकता से भाग लेती रही हैं।

# कहानी नई लिखनी है...

**फ्रेडा नोरोनहा**

ये दर्द साथी बन गया

ये साथ है दे रहा

जिंदगी बदल गई

पर यह ना बदल सका...


आहिस्ता मैं भी चल पड़ीं

अब किसी पे ना हो यकीन

ठोकर जो मैंने खाई है

अब बस रब पे यकीन है


इम्तिहान हमने दिये हैं

तकलीफें भी सही हैं

अब मंजिल ढूंढ रही हूं

कहानी नई लिखनी है

# संजय कुमार जैन 'पथिक'

संजय कुमार जैन 'पथिक' 1980 के दशक में छात्र जीवन में ही इलाहाबाद के कवि सम्मेलनों में हास्य कवि के रूप में पहचान दर्ज कर चुके थे और उनकी रचनाओं पर साहित्यिक गोष्ठियों और अखबारों में चर्चा होने लगी थी।1987 में NTPC और 1991 में पावर ग्रिड की नौकरी में आने के बाद विभिन्न स्थानों जैसे सिंगरौली, रिहंद, बल्लभगढ़, फरीदाबाद, दिल्ली, पलवल, जयपुर, मंडोला और दादरी में पोस्टिंग के कारण सम्मेलन तो छूट गए पर लेखन जारी रहा। लेखन और रंगमंच के अतिरिक्त श्री संजय ने विभिन्न खेलों में भी पावर ग्रिड का प्रतिनिधित्व किया जिनमें ब्रिज, शतरंज, तैराकी, टेबल टेनिस और कबड्डी शामिल हैं।

MBA वित्त श्री संजय वर्तमान में पावर ग्रिड के फरीदाबाद कार्यालय में मुख्य प्रबंधक वित्त के पद पर कार्यरत हैं। 2018 में गंभीर ब्रेन स्ट्रोक के बाद ICU में महीनों तक जीवन चुनौती से जूझते हुए इन्होंने डॉक्टर की विशेष अनुमति से बिस्तर पर ही रचनाएँ लिखना और उन्हें सोशल मीडिया पर प्रकाशित करना जारी रखा और इस संकलन में शामिल कविता 'एक दिन मैं नहीं लौटूंगा' भी उन्हीं में से एक है, जिसे पाठकों का समर्थन भी मिला और स्वस्थ होकर लौटने की दुआएं भी।

# एक दिन मैं नहीं लौटूंगा

## संजय कुमार जैन 'पथिक'

एक दिन मैं नहीं लौटूंगा,

रोज़ की तरह,

तुम मेरा इंतज़ार करोगी,

मेरी फीकी चाय और अपने

चुप गुस्से के साथ, फिर

झुंझलाकर मुझे फोन करना चाहोगी

'तुम लेट आते हो तो मेरा जी

अटका रहता है'

पर तुम फोन भी नहीं करोगी

तुम्हें याद आ जायेगी हमारी तुम्हारी अनबन

फिर भी तुम इंतज़ार करोगी

क्योंकि तुम्हें मेरी परवाह है

पर कभी तो ऐसा होगा

जब मैं नहीं लौटूंगा

सिर्फ मेरी खबर आयेगी

तब तुम शायद मुझे सुनना चाहोगी

यह सोचकर कि मैं आस-पास हूँ

मैं तुम्हें छोड़कर कैसे जा सकता हूँ

पर कभी तो ऐसा होगा

एक दिन मैं नहीं लौटूंगा।

# विशाला गुप्ता

विशाला पेशे से एक बहुराष्ट्रीय कंपनी के मुख्य आईटी प्रबंधक हैं। लिखना उनका एक जुनून है। उनकी कहानियों में बड़ी ही सादगी से जीवन के बड़े-बड़े राज़ छुपे होते हैं। वो बहुत ही सरलता से हमारे रोजमर्रा की ज़िंदगी से जुड़ी हुई छोटी-छोटी घटनाओं को अपनी कहानियों में पिरोती हैं जो हर पढ़ने वाले के दिल तो छू जाती हैं।

विशाला को फोटोग्राफी का भी शौक है और वो ज़िंदगी का भरपूर आनंद लेना चाहती हैं। उनके विचार में, ज़िंदगी का मज़ा तभी है जब हम ज़िंदगी का भरपूर आनंद लें और उसे सकारात्मकता से जिएं। हर पल सीखें और हमेशा धन्यवाद का भाव रखें।

# काश तुम दोस्त ही रहते

## विशाला गुप्ता

काश `````` तुम दोस्त ही रहते

.........काश ````` तुम दोस्त ही रहते

हमसे मिलने के लिये बेताब तो होते


क्यूँ`` यह दोस्ती को पति पत्नी के रिश्ते मे बदल दिया

.........क्यूँ`` यह दोस्ती को पति पत्नी के रिश्ते मे बदल दिया

अब हम तुम में दोस्त और रिश्तों में दोस्ती को ढूंढते हैं


काश ````` तुम दोस्त ही रहते

तो हम इतने बेबस और सहमे ना रहते


एक वक्त था ````` जब हमारी हर खुशी में, दुख में तुम हमारे साथ खड़े थे

आज यह लम्हा है कि दिल की चिल्लाहट पर भी तुम पास नहीं होते


काश ````` तुम दोस्त ही रहते

तो आज हम इतने तन्हा और अकेले ना होते


एक वो वक्त था ````` जब सुबह हमारी खिलखिलाहट से शुरू

और रात तुम्हारी हँसी से खत्म होती थी

आज यह वक्त है कि सुबह एक सन्नाटे से शुरु

और रात एक सन्नाटे में खत्म होती है

काश तुम दोस्त ही रहते

काश ```` तुम दोस्त ही रहते

तो आज हम खुद को आइने में ढूँढ नहीं रहे होते


काश तुम दोस्त ही रहते

काश `` तुम दोस्त ही रहते।

# कंचन अग्रवाल

कंचन एक प्रमुख कंसल्टिंग कंपनी के साथ GST (वस्तु और सेवा कर) विभाग में Assistant Manager के रूप में नियुक्त है। उन्होंने कॉमर्स में पढाई की है और CMA (कॉस्ट एंड मैनेजमेंट अकाउंटेंट) की डिग्री प्राप्त की है। हालाँकि व्यवसाय से वह एक कर सलाहकार है परंतु वह हिंदी लेखन में भी काफ़ी रुचि रखती हैं। वह अंग्रेजी और हिंदी दोनों ही भाषाओं में लिखना पसंद करती हैं। स्टोरीमिरर पर आयोजित प्रतिस्पर्धाओं में वह अक्सर उत्साह के साथ भाग लेती हैं। पाठशाला के दिनों से ही उन्हें साहित्य और भाषा में खास दिलचस्पी रही है। हिंदी और अंग्रेजी में उन्होंने हमेशा अव्वल अंको के साथ परीक्षाएं पास की हैं। उनके अनुसार भाषाओं का ज्ञान होना काफ़ी अनिवार्य है और यह समृद्धि एक मनुष्य के जीवन में अलग ही निखार लेकर आती है।

# वो आज की नारी है

## कंचन अग्रवाल

जीवन उसका संघर्ष भरा

हर मोड़ एक परीक्षा, हर कदम एक चुनौती है

फिर भी कभी ना ठहरी वो, कभी ना हारकर लौटी है

वो आज की नारी है


सोच पर संयम और मन में दृढ़ विश्वास

चाहे आ जाए कितनी मुश्किलें, कायम रखती है वो आस

हर रूप उसका निराला, नज़रें टिकी लक्ष्य के पास

यही गुण बनाते उसको प्रेरणादायी और खास

अपने सरल स्वभाव के कारण वो लगती प्यारी और न्यारी है

वो आज की नारी है


अपने सदाचार और व्यवहार से

उसने जीता है सबका मन

घर परिवार और अपने कर्त्तव्य पर

हमेशा से रही वो अर्पण

मान, मर्यादा और सम्मान पर आंच आयी अगर

दिखाया है उसने जग को, साहस और क्षमता का सागर

जितनी है वो कोमल हृदय से, उतनी ही शक्ति धारी है

वो आज की नारी है

प्रेम, करुणा और शालीनता

सदा ही रहे उसकी पहचान

अपने काबिल तरीकों से

छू रही कामयाबी के आसमान

उस्की गरिमा और गौरव की कहानियाँ जगाए एक उमंग

हौसले भरे विचार और नई सोच की तरंग

अदभुत जोश और हर स्थिति में समझदारी है

वो आज की नारी है।

★ ★ ★

# डॉ० विवेक पाण्डेय

डॉ. विवेक पाण्डेय अमेरिका के एक प्रतिष्ठित विश्वविद्यालय (केंटूकी यूनिवर्सिटी) में वैज्ञानिक हैं और मधुमेह (डायबिटीज़) पर शोध करते हैं। डॉ. पाण्डेय ने अपनी पीएच. डी. की उपाधि मधुमेह पर शोध करते हुए भारतीय विषविज्ञान अनुसंधान संस्थान (सी. एस. आई. आर.), लखनऊ से प्राप्त की। मधुमेह के क्षेत्र में कई शोध पत्र लिखने वाले डॉ. पाण्डेय हिंदी साहित्य में विशेष रुचि रखते हैं। कहानी, कवितायें एवं उपन्यास पढ़ने के अलावा विवेक ने अनेक कवितायें भी लिखी हैं जिनमें से कुछ स्टोरीमिरर पर प्रकाशित हुई हैं। लिखने, पढ़ने के अलावा विवेक नई जगहों पर जाना एवं अलग-अलग संस्कृतियों के लोगों से मिलना एवं उनकी जीवन शैली को समझना भी पसंद करते हैं।

# दिखावा और दुनिया

## डॉ० विवेक पाण्डेय

ऐनक पहन के दुनिया देखी, असली वाली दिखी नहीं।

लेंस भिड़ाते जीवन बीता, फोकस का कुछ पता नहीं॥

झूठी शान पे हुई लड़ाई, असली का कुछ पता नहीं।

ग़म में सारा जीवन बीता, खुशी कहाँ है? पता नहीं॥

दौड़ भाग के दुनिया देखी, सही से कुछ भी दिखा नहीं।

झूठे हँसते चेहरे देखो, भाव कहाँ हैं? पता नहीं॥

बिन मतलब की लिखी कहानी, किरदार कहीं भी दिखा नहीं।

बातें कर दी बड़ी-बड़ी, सच-झूठ का पता नहीं॥

प्रेम की धुन में दुनिया पागल, त्याग किसी में दिखा नहीं।

और, हर तन को इक राधा चाहिए, मन में मोहन दिखा नहीं॥

ऐनक पहन के दुनिया देखी, असली वाली दिखी नहीं...

लेंस भिड़ाते जीवन बीता, फोकस का कुछ पता नहीं....

# मिनाक्षी चौरागड़े

मिनाक्षी एक गृहिणी हैं। इसके साथ ही वे एक लेखिका भी हैं। उन्होंने वाणिज्य में स्नातक किया है। साथ ही डी.एड. भी किया है। बचपन से ही उन्हें हिंदी साहित्य से विशेष लगाव रहा है।

"नागपुर महिला समिति" की ओर से आयोजित प्रतियोगिता में उनकी रचना को पुरस्कृत किया गया है। कोटा राजस्थान से प्रकाशित मासिक पत्रिका काव्यांजलि में उनकी एक लघु कथा "वह पेड़" का प्रकाशन हुआ है। वे स्टोरीमिरर की नियमित लेखिका हैं। साहित्य संवेद, साहित्य वरिधी, हिंदी काव्य कोश आदि में रचनाओं का प्रकाशन हुआ है।

# यादें

## मिनाक्षी चौरागड़े

आज फिर छेड़ा है किसी ने प्यार का किस्सा,

सुबह से ही मन में उमंग,

होठों पर मुस्कान छाई है,

आज फिर तुम्हारी याद आई है।


खुद को निहारा है दर्पण में कई बार यूं तो,

आज दर्पण में भी कुछ और ही बात पाई है,

आज फिर तुम्हारी याद आई है।


चिढ़ जाती थी, थोड़ा गुस्सा भी करती जिन बातों पर,

आज उन बातों पर भी हँसी आई है,

आज फिर तुम्हारी याद आई है।


यूं तो रोज ही सजाती हूं फूलों को गुलदस्ते में,

आज इनकी खुशबू से भी मदहोशी सी छाई है,

आज फिर तुम्हारी याद आई है।


यूं तो रोज ही सजती संवरती हूं,

आज आँखों में काजल और बालों मे

गजरे से रौनक छाई है,

आज फिर तुम्हारी याद आई है।

रख दी थी छुपाकर अलमारी में कहीं,

उस डायरी को फिर खोला है मैंने,

इसके पन्नों में गुलाब की खुशबू आज भी छाई है,

आज फिर तुम्हारी याद आई है।


आज फिर आया है सावन,

पड़े हैं झूले बागों में, बस

तुम्हारी ही कमी छाई है,

आज फिर तुम्हारी याद आई है।


वह प्यार नहीं पर प्यार जैसा ही था,

दो दिलों में एहसास जैसा ही था,

प्यार तो वह है जो पत्थर में भी

फूल खिलाता है,

प्यार तो इंसान के दिलों में भी

ईश्वर को बसाता है,

बरसों बाद ये कलम कुछ लिख पाई है,

क्योंकि आज फिर तुम्हारी याद आई है।

# मनोज खड़ायत

मनोज खड़ायत कंप्यूटर विषय में स्नातकोत्तर हैं और पेशे से कंप्यूटर इंजीनियर हैं। साल २०२० में जब कोरोना का संकट दुनिया पर गहराया और सबके कदमों को थाम दिया, तब उन्होंने उस अकेले वक़्त में अपनी ज़िन्दगी और उससे जुड़ी यादों को शब्दो का रूप देते हुए पन्नों पर बिखेर दिया और कोशिश की उसे कविता की शक्ल देने की। यह उनकी पहली कविता उसी कोशिश की एक शुरुआत है। उनका मानना है कविता हमें सुकून देती है इसलिए उन्होंने अपना पेन नाम रखा राहित्य (अर्थात राहत)। ये कोशिश है आपकी और हमारी ज़िंदगी को पन्नों पर उतारने की।

# मेरा मोहल्ला

## मनोज खड़ायत

बरसों बाद अपने पुराने मोहल्ले की संकरी गली से गुज़रा

एक बिजली के खंबे से लिपटी कटी पतंग ने मेरे भागते क़दमों को कुछ देर रोका

याद आए बचपन के वो यार दोस्त, वो बल्ला और बॉल

कटी पतंगों के मांझे को पकड़ने की एक मैराथन दौड़

इन संकरी गलियों में खेलना वो पकड़म-पकड़ाई

और छुप्पे दोस्तों को कहना आइस-पाइस

वो गुल्ली डंडा, पोषम पा जैसे कितने ही मनोरंजक खेल

आज मैदान से सिमट के चढ़ गए हैं, टच स्क्रीन की भेंट

लोगों में और घरों में लगातार दूरियाँ बढ़ती जा रही हैं

क्यूँकि शायद संकरी गलियाँ अब बड़ी और चौड़ी होती जा रही हैं

शायद ये संकरी गलियाँ ही थी जो घरों को, लोगों को एक दूसरों के पास रखती थीं

ये बँगले, ये चौड़ी सड़कें घरों को लोगों से दूर कर देती हैं

काश! ये दुनिया सिमट के फिर संकरी हो जाये

और मेरा मौहल्ला फिर एक बार जीवंत हो जाये!

# दीपा गंगल

दीपा गंगल, अध्यापिका हैं। उन्हें पुस्तकें पढ़ने का शौक है जिससे प्रेरित हो कर वे कविताएँ लिखने लगीं। कक्षा 6 में उन्होंने पहली कविता लिखी थी जो विद्यालय की पत्रिका में प्रकाशित हुई थी। आपकी कविताएँ स्वांत सुखाय होती हैं।

# जिंदगी के अफसाने

## दीपा गंगल

जिंदगी तेरी यह कैसी कहानी है

कहने को यहाँ हर शख्स जुदा है

फिर भी सभी एक ही कश्ती में हैं सवार


पल भर की सियासत है फिर भी यादों और

हसरतों का काफिला बड़ा है बनाया हमने


क्या सच है क्या है फसाना गुमां फिर भी

सब पर यूँ यकीं है कि वो नहीं तो हमें साँसों की रहगुजर दरकार नहीं यह खबर नहीं दीपा हमें


कब तक जमाने के दस्तूरों से पशेमां होना होगा

आज हमारे लफ्जों ने सुनहरी जंजीरों से सहेजा है और

कभी इन से रिहाई की आरजू की ख्वाहिश होगी।

# बी के हेमा

श्रीमती बी के हेमा केंद्र सरकार के कार्यालय में कार्यरत हैं। उन्होंने बेंगलूर विश्वविद्यालय से एम.ए. उपाधि प्राप्त की है। हिन्दी और कन्नड़ में कहानियॉं, कविताएॅं और नाटक लिखना उनका शौक है। वे अपने आस पास की घटनाओं को कहानी, कविता या नाटक का रूप देती हैं। वे अपने कार्यालय में आयोजित सांस्कृतिक समारोहों में नाटकों की रचना कर उसका निर्देशन भी करती हैं। इन नाटकों में अभिनय करना उनका एक और शौक है। वे अपने कार्यालय की गृह पत्रिका 'राजभाषा सुमन' की संपादक हैं। उन्होंने स्टोरीमिरर के एडिटर्स चॉइस श्रेणी में 'ऑथर ऑफ द वीक' और 'ऑथर ऑफ द मंथ' प्रशस्ति प्राप्त की है और 'ऑथर ऑफ द इयर-2021' की नॉमिनी रही हैं।

# भारत भूमि

## बी के हेमा

हमारा धरोहर है हमारा ये वतन

मत छेड़ो इसकी परंपराएं

बहुत देख चुके हमलावार

लेकिन नहीं कर सके कोई इसका बिगाड़।


वीरों की रण भूमि रही

त्रृषि मुनियों की तपो भूमि रही

संतों की पुण्य भूमि रही

देवों की देव भूमि रही।


खिलाड़ियों का खेल मैदान रहा

कलाकारों का कला आंगन रहा

संगीतज्ञों का स्वर गूँजता रहा

मानव की मानवता भाव सहज रहा।


मुसलमानों का आक्रमण हुआ

डचों से व्यापार हुआ

पुर्तगालों का भंडार हुआ

अंग्रेजों का क्रूर प्रहार हुआ।

लेकिन न कोई इसे रोक सका

और न ही कोई टोक सका

विकास पथ पर अनवरत चलता रहा

पूरे विश्व का गुरु बना रहा।

# चाँदनी पुरोहित

चाँदनी, जिन्होंने बैंकिंग क्षेत्र के अनेको झिलमिल सितारों के बीच में चांद की तरह अपना एक महत्वपूर्ण स्थान बनाया है किंतु अंदर ही अंदर अपनी लेखनी को उन्होंने अपने कार्य से कभी अलग नहीं रखा। लेखन के द्वारा ही उन्होंने अपने जीवन के अनेकों वृतांत तथा अनुभवों को कभी कविताओं एवं कभी कहानियों के जरिए सीप के मोतियों सा पिरोकर संजोया है। स्टोरीमिरर पर उन्होंने खामोशी जैसी कहानी हो या मुकम्मल मोहबत्त की दास्तां या मुस्कुराहट के आँसू जैसी रचनाओं के जरिए अपने मनोभावों को व्यक्त किया है। अपनी इस व्यक्तिगत छवि के अलावा वे निजी जीवन में यात्रा करना, पेंटिंग तथा नृत्य कला जैसी शैली में भी रुचि रखती हैं।

# मन करता है

### चाँदनी पुरोहित

तोड़ के रस्मों के घुँघरू

नील अम्बर में उड़ती जाऊँ

हरे भरे बागों से मैं

पुष्पों की गंध चुराऊँ


आगोश में भर कर जहाँ की

खुशियाँ नयी मैं गले लगाऊँ

भोर होय अगली जब नित

नया नया मैं तराना गाऊँ


पंख लगाकर पहुंच आकाशगंगा

घंटों तारों संग संवाद सजाऊँ

फिर धरा पर आकर व्हेल की

भाँति गहरे समुन्द्र में गोता खाऊँ


सुनहरी धूप में खोल केश मैं

खोखले रिवाज का खरपतवार हटाऊँ

झूम झूम कर आगाज करूँ मैं

जीवन में चाँदनी सी चमक फैलाऊँ।

# अशोक पटेल

अशोक का जन्म अहमदाबाद में हुआ हैं। वह पेशे से इंजीनियर हैं और अभी अमेरिका में मटेरियल मैनेजर (सप्लाई चैन) के रूप में कार्यरत हैं। उनके पास बी.इ. (मैकेनिकल इंजीनियरिंग) और एम.इ. (इंडस्ट्रियल इंजीनियरिंग) डिग्री है। वह एक संवेदनशील लेखक हैं जिनकी रुचि वर्तमान परिस्थितियों और जीवन अनुभव पर लिखना है। चित्रकारी और फोटोग्राफी उनके शौक हैं। यात्रा उनका शौक एवं प्रेरणा स्रोत हैं। वह प्रतियोगिताओं और साहित्य समारोहों में उत्सुकता से भाग लेते रहे हैं।

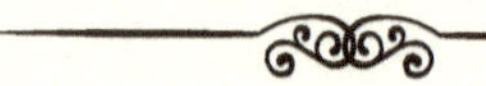

# इंसाफ (Justice For Asifa)

## अशोक पटेल

Hang till death...


अब तक सिर्फ़ दिल की चाहत लिखी है,

आज क़लम ने किसी की आहत लिखी है।


ए मालिक, ये तेरी कैसी लापरवाही है,

तू है भी, या तेरी भी सब कहानी ही है।


नहीं आना मुझे तेरे दर पर तब तक,

जब तक उन दरिंदो में साँस बाक़ी है।


हाँ, माना इस देश का क़ानून अंधा है,

पर तेरी अदालत को किसने रोका है?


क्या तुझे वो चीख़ सुनाई नहीं दी?

क्या तुझे वो लहू दिखाई नहीं दिया?


जब वो बेबस थी, जब वो लाचार थी,

क्या तुझे वो मंज़र महसूस नहीं हुआ?

दिया वो आख़री मौक़ा है अब तेरे पास,
कर हिसाब इन बलात्कारियों का आज।


अगर ऐसे ही आज़ाद घूमे ये देश में,
तो कैसे करेगा तुझ पर कोई विश्वास।


तो आ इस दर्द से उठे इन अंगारो को देख ले,
मेरे लफ़्ज़ों को पढ़ तू कोई करामात ही कर ले।


ऐ ईश्वर-अल्लाह, तेरे बंदो पर रहमत दिखा के,
इंसाफ़ में उन दरिंदो को सज़ा-ए-मौत दिला दे।

# सृजन वर्मा

सृजन पेशे से इलेक्ट्रिकल इंजीनियर होने के साथ ही साथ कविता लेखन में भी काफ़ी रुचि रखतीं हैं। 2013 में अपनी इलेक्ट्रिकल इंजीनियरिंग की डिग्री हासिल करने के बाद उन्होंने जिंदल स्टील लिमिटेड, कमिन्स इंडिया लिमिटेड जैसी मल्टी नैशनल कंपनियों में विभिन्न पदों पर काम किया। आज की तारीख में वह कनाडा में प्रोजेक्ट मैनेजमेंट के क्षेत्र में उच्च शिक्षा प्राप्त कर रहीं हैं। इतने पर भी, उन्होंने अपनी कविताओं के प्रति दिलचस्पी को बरकरार रखते हुए, मन-मस्तिष्क को टटोलने वाली अपनी लेखनी से पाठकों की चेतना को आकर्षित कर रखा है। वह समय-समय पर विभिन्न साहित्य सम्मेलनों में भाग लेतीं रहतीं हैं। लेखन के अलावा उन्हें विभिन्न स्थानों की यात्राएँ करने का भी शौक है।

# बेनाम रिश्ते

## सृजन वर्मा

कुछ रिश्ते बेनाम ही रहे तो अच्छा है

अक्सर हमारी नाकाम कोशिश


इन को या तो कहीं दफ़्न कर देती है

या फिर हमेशा के लिए जुदा कर देती है


सब कुछ होंठों से बयां हो ज़रूरी नहीं

कुछ बातें खामोशियाँ बेहतर बयां करती हैं


हर रिश्ते की मंज़िल हो ज़रूरी नहीं

अहमियत तो साथ बिताए उन पलों की है


जो मरते दम तक साथ रहेंगे।

★ ★ ★

# डॉ विवेक मधुकर

डॉ विवेक मधुकर प्रख्यात कान-नाक-गला रोग विशेषज्ञ एवं दक्ष कॉस्मेटोलॉजिस्ट हैं। सौंदर्य इनके कार्य और रचना दोनों में झलकता है। अंतस में उनके बहती है रसधार -संगीतमय काव्य की। हिंदी, अंग्रेजी, बांग्ला भाषाओं में लेखन इनकी विशेषता है। इनकी रचनाओं में विविधता परिलक्षित होती है -कभी श्रृंगार रस, कभी प्रेम में पगी हुई, कहीं देशभक्ति, कहीं चुटीला व्यंग्य तो कहीं शिक्षाप्रद। अपनी सशक्त रचनाओं के लिए आप अन्तर्राष्ट्रीय स्तर पर भी पुरस्कृत हुए हैं। पुस्तकें इनकी मित्र हैं। बौद्धिक विवेचना इनका पसंदीदा शगल है। जन्म झारखंड के धनबाद जिले में हुआ है। इनका कर्मक्षेत्र बाबानगरी देवघर है।

# माँ, रो क्यों रही तुम?

## डॉ विवेक मधुकर

शिशु ने पूछा माँ से, "रो क्यों रही तुम?"
"मैं औरत हूँ", इसलिए", कहा उसने।
"कुछ समझा नहीं माँ, क्या कह रही तुम?"
माँ ने गले लगा लिया प्यार से,
कहा "समझोगे भी नहीं कभी!"


पिता से पूछा फिर शिशु ने,
"माँ रोती क्यों बिना कारण?"
"रोती हैं सारी औरतें ही बिना कारण",
इतना ही तो कह सके पिता।
छोटा शिशु अब बड़ा हो गया था,
कद में ही नहीं, समझ में भी।
पर सवाल आज भी अनुत्तरित था उसका
"क्यों रोती हैं औरतें?"


कर पाया ना कोई संतुष्ट उसे अपने उत्तर से,
कोई मिला नहीं इस जहां में
उसे जिसने समझा हो औरत को,
उसके रुदन को।

तब उसने राह ढूंढी,

और जा पहुंचा ईश्वर तक।

पूछा जगतसृष्टा से, "भगवन, क्यों रो

पड़ती हैं औरतें यूँ अनायास ही?"


खिल गयी स्मित हास जगन्नाथ के आनन पर

कहा-"जब गढ़ा मैंने औरत को,

बनाया उसे सबसे अलग, सबसे विशेष"।

स्कंध दिए सशक्त उसे,

वहन कर सके वह भार दुनिया का,

और साथ ही नरम इतने कि

दे सके तपते जग को श्रान्ति।

प्रदान की उसे एक अद्भुत आतंरिक शक्ति,

बन मेरी प्रतिनिधि गढ़ सके वो अपना ही प्रतिरूप,

सह सके परित्याग और अस्वीकृति, बार बार

और अपनी इन्ही संतानों से कितनी ही बार।


दी सख्त दृढ़ता उसे, डटी रहे पथ पर

हार कर बैठ चुके हों जब और सब।

कर सके अनवरत सुश्रुसा, रख सके ध्यान

बिना किसी शिकायत के,

अस्वस्थ हो या कि थकान से चूर

परिवार का कोई सदस्य जब।

कोमल एक हृदय दिया उसे,

बहती रहे स्नेह-धार अविरल

उससे उसके प्राणप्रिय संतानों के लिए।

थमती नहीं कभी यह धार, तब भी नहीं

जब यूँ ही कर जाते चाक सीना

उसका यही जाये बच्चे उसके।

दिया उसे सामर्थ्य, निकाल ले जा सके अपने पति को

उसकी त्रुटियों, अपूर्णताओं के भंवर से

रचा मैंने उसे मर्द की पसली से,

संभाल कर रख सके ताकि वो दिल मर्द का।


अंतर्ज्ञान दिया उसे, जान सके वो

नहीं पहुंचाता चोट पत्नी को कोई भी भला पति,

जानता है वो खड़ी रहेगी अविचलित साथ उसके,

चल रहे हों भले भयानक झंझावात।

और तब अंत में दिया मैंने उसे

बहाने को एक कतरा आंसू,

विशिष्ट उसी के लिए

उपयोग कर सके उसका वह अपने मन मुताबिक।


"मेरे बच्चे", कहा ईश्वर ने फिर, "औरत की सुंदरता

बसती नहीं परिधान में उसके, न काया में उसकी,

न उसकी अतुल केशराशि में।

आँखों में समाई रहती है सारी सुंदरता नारी की,

वही है प्रवेशद्वार उसके हृदय का,

है जो मेरी सबसे अनूठी, सबसे प्यारी कृति

वास करता जहां प्यार

अपरिमित, अबाध, बेशर्त।

170...

# राजशेखर सी.एच.वी

श्री राजशेखर सी.एच.वी पेशे से सूचना-प्रौद्योगिकी में काम करते हैं लेकिन मन से एक कवि और कथाकार हैं। उन्होंने परिकलक अनुप्रयोग में अधिस्नातक सम्पादित किया है। उन्हें कला में रुचि है तथा वे प्राचीन मंदिरों के दर्शन पसंद करते हैं। विभिन्न भाषाओँ में लिखना उन्हें अच्छा लगता है तथा वे कहानियों में अपने जीवन के अनुभव से जुड़ी घटनाओं को दर्शाने की कोशिश करते हैं। वे पुरी श्रीजगन्नाथ के प्रति अपार विश्वास रखते हैं और ओड़िआ भाषा, तेलुगु और अन्य भाषाओँ में भक्ति कविताएं लिखने की चेष्टा करते हैं। स्टोरीमिरर मंच के द्वारा उनका कविताओं में रुझान बढ़ा है। वह विभिन्न कविता और कहानी प्रतियोगिताओं में भाग लेते रहे हैं।

# सख़्त हुकूमत

## राजशेखर सी.एच.वी

बेवजह सख़्ती से ज़ुल्म ज़ख़्म देता जाए जब हुकूमत,

अवाम में भर दी जाए हद से ज़्यादा जब नफ़रत,

बंद हो जाएँ जब वाजिब सवाल-जवाब की सही आदत,

अंजुमन में तब फैलती जाए जब अनचाही बेबुनियाद दहशत


टूटती जाए जब मुल्क़ की तिजारत,

आती जाए रोज़ग़ार छूटने की नौबत,

ढेर होती जाए जब वतन की बरक़त,

बर्बाद हो जाए तब मईशत की साख़ सेहत

पढ़े लिखे माहिर होते रहेंगे जब बेइज़्ज़त,

अनसुनी की जाएगी बुज़ुर्गों की कैफ़ियत,

असलियत बोलने से बढ़ जाए जब मुसीबत,

ईमानदार सहाफ़ियों पर लग जाए तब तोहमत

आम आदमी में न रहे यक़ीन की मिल्कियत,

जब वो कर नहीं सकते हैं कोई भी शिकायत,

बेगुनाहों को मिलती रहे जब नाजायज़ हिरासत,

बर्दाश्त से पार हो जाती है आम आदमी की बुरी हालत


रातों-रात जब लगा दिए जाते हैं मनमाने नियम,

वकील जब कर न सकें वकालत की हिम्मत,

इन्साफ़ पसंद मुंसिफ की जब न हो हिफाज़त,

तब ग़ैर-कानूनी हालात बन जाए नई हक़ीक़त

जीने के वास्ते जब लेना पड़ेगी इजाज़त,

बादशाह जब सिर्फ़ सुने हर बुरी नसीहत,

खत्म हो चुकी है जब सुल्तान में इंसानियत,

तब जमहूरियत की नहीं है कोई भी ज़रूरत

# पूर्वी आथा गणात्रा

पूर्वी एक आनुवंशिक विज्ञानी, माँ और गृहिणी होने के साथ TCS में लाइफ साइंस की डोमेन सलाहकार के रूप में नियुक्त हैं। लेखिका होने के अलावा वह एक उत्साही पाठक हैं और पौराणिक कलाओं व कथाओं, विज्ञान, ज्योतिष तथा विविध भारतीय भाषाएं सीखने में रुचि रखतीं हैं।

# मेरी वेदना

## पूर्वी आथा गणात्रा

मेरे कोमल निश्छल अनुरागपूर्ण स्वप्नों को,

इस कदर आग लगा देना सही नहीं


पलकों की सेज पर सोये हुए उस पानी को,

इस कदर झकझोरना सही नहीं

मन के उन मासूम खयालों को,

इस कदर रुला जाना सही नहीं

नैनों की डोर, होठों के अल्फ़ाज़ को,

इस कदर बाँध कर तोड़ लेना सही नहीं

इस बहती नदिया में मेरे दिल को,

यूँ मँझधार छोड देना सही नहीं

जानता हूँ, सरेआम... तुम्हें इस कदर,

दोषी ठहराना सही नहीं

पर मेरी इन मर्मस्पर्शी बातों को,

समझकर ना समझना भी सही नहीं


मेरे कोमल निश्छल अनुरागपूर्ण स्वप्नों को,

इस कदर आग लगा देना सही नहीं

# रूणा रश्मि 'दीप्त'

रूणा रश्मि 'दीप्त' एक गृहिणी हैं जो साहित्य में रुचि रखती हैं। कविताएँ, आलेख और लघुकथा लेखन के माध्यम से वे साहित्य सेवा में संलग्न हैं। काव्य सृजन (विशेषतौर पर छंद बद्ध कविताओं) के प्रति इनकी विशेष अभिरुचि है। इनकी रचनाएँ विभिन्न पत्र-पत्रिकाओं में निरंतर प्रकाशित होती रहती हैं। विभिन्न साहित्यिक संस्थाओं से जुड़ते हुए उनके दैनिक क्रियाकलापों में हिस्सा लेते हुए कई प्रतियोगिताओं में निरंतर सम्मानित होती रहती हैं। अनेकों साझा संग्रह के साथ ही इनके दो एकल काव्य संग्रह प्रकाशित हो चुके हैं और एक प्रकाशनाधीन है।

आप साहित्य के अतिरिक्त नृत्य और गायन जैसी सांस्कृतिक गतिविधियों और सामाजिक सरोकार के कार्यों में भी अवसर और योग्यता के अनुसार सदैव बढ़चढ़कर हिस्सा लेती रहती हैं। प्रकृति से विशेष लगाव रखते हुए छोटे-छोटे प्राकृतिक स्थलों का भ्रमण इन्हें रोमांचित करता है।

# वसंती श्रृंगार

रूणा रश्मि 'दीप्त'

खिले पुष्प चहुँदिस सुहाने लगे,
सभी के हृदय को लुभाने लगे।
सजी है धरा, है सुवासित पवन,
खिली धूप में मुस्कुराता गगन।

जिया में बजे प्रीत की धुन यहाँ,
लगा झूमने और गाने जहाँ।
सलोनी बड़ी पीतवसना धरा,
प्रणय इस जगत में दसोंदिस भरा।

कहें सब कि आई मिलन की घड़ी,
हृदय की लगी आज जुड़ने कड़ी।
सभी प्रेयसी और प्रियतम मिले,
हृदय में उमंगों भरे गुल खिले।

# किरण घाटगे

पेशे से एक सहकारी बैंक में किरण घाटगे 14 वर्षों से मैनेजर के पद पर काम कर रहे है। उनका जन्म १९८० में औरंगाबाद, महाराष्ट्र में हुआ हैं! उनकी प्राथमिक तथा महाविद्यालयीन शिक्षा औरंगाबाद से पूरी हुई है। कला शाखे की पदवी लेकर उन्होंने अपना शिक्षण पूरा किया है। कॉलेज जीवन में पढ़ते समय उन्होंने विद्यार्थी संघटना में अपने आपको पूरा झोंक दिया था। विद्यार्थियों के हक्क तथा अधिकारों के लिये किये गए आंदोलन के लिए उनको जेल भी जाना पड़ा था। शिक्षा पूरी होते ही, उन्होंने प्राइवेट कंपनी में कुछ साल काम किया मगर वहाँ उनका मन नहीं लगा और उन्होंने अपनी नौकरी छोड़ कर सामाजिक कामों में अपनी रूचि बढ़ाई। 2008 में उन्होंने अंतरजातीय विवाह करके अपना पूरा समय अपने पत्नी के साथ सामाजिक कार्यों में लगा दिया। औरंगाबाद छोडकर उन्होंने बीड जिले में अपना काम शुरू किया। एक सामाजिक कार्यकर्ता तथा संवेदनशील कवि का उनका सफ़र निरंतर चल रहा है। समाज में स्त्री-पुरूष समानता के लिए वे 14 वर्षों से काम कर रहे हैं।

समता महिला सहकारी बैंक के माध्यम से उन्होंने समाज में अति दुर्लक्षित वर्ग, किसान महिला, किसान मजदूर को बैंक माध्यम से छोटे-छोटे कर्ज देकर उनको उनके पैर पर खड़ा कर एक स्वावलंबी जीवन जीने में अपना योगदान दिया है।

# बचपन

## किरण घाटगे

नासमझ बचपन अच्छा था
खेलने-कुदने के लिए कुछ
भी चलता था।

न कंप्यूटर था, न मोबाईल था।
बस दोस्तो का झुंड
इर्द-गिर्द रहता था।

न भूख थी, न प्यास थी
दिन भर बस खेलता रहूँ
इतनी ही आस थी।

स्कूल में जाना तो महज,
एक बहाना था
आखिरी बेंच पर सिर्फ
राज अपना था

खेलने के इरादे इतने बुलंद थे।
कि हर गली, चौराहे, नुक्कड़
मैदान नजर आते थे।

सपने भी सुनहरे होते थे
आसमां में उड़ती रंगबिरंगी,
पतंगों जैसे लगते थे

दोस्तों की भीड़ में,
हँसना, रूठना, मनाना,
सब कुछ होता था

दोस्ती उस वक़्त क्या,
होती थी किसको पता था!
बस निभाने निकल पड़ता था
नासमझ बचपन अच्छा था!

# वृंदा नारंग



वृंदा नारंग व्यवसाय से अध्यापिका और अब अपनी ख़ुशी से होममेकर है। यह हमेशा से इस बात पर विश्वास करती हैं कि सच्ची भावनाओं को अपने तक सीमित न रखकर व्यक्त करना चाहिए। कविताएँ अपने मनोभाव प्रकट करने का सबसे अच्छा माध्यम है। प्रकृति के पास होने पर इनको ईश्वर से जुड़ने का अहसास होता है। इन्हें योगा, शेरों -शायरी व संगीत में रूचि है। विशेष रूप से पुराने गीत सुनना व गाना बेहद पसंद है। परिवार व दोस्तों के साथ समय बिताना व दिल्ली का स्ट्रीट फ़ूड खाना इन्हें भाता है।

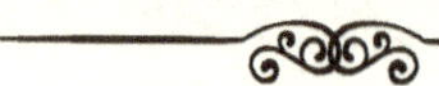

# नन्ही चिड़िया

## वृंदा नारंग

तिनका-तिनका समेटती यह नन्ही सी चिड़िया,

अपनी छोटी-सी चोंच में बटोर लाती,

गिरती, फिसलती फिर झटपट संभलती,

अपनी ही धुन में मस्त, बच्चों की खातिर,

बहुत दूर से इकट्ठा करके लाती,

ना ही सर्दी, गर्मी, बरसात की परवाह करती,

तिनका-तिनका समेटती यह नन्ही सी चिड़िया।


इक पल भी आराम न करती,

मुश्किलों से तनिक भी न घबराती,

बाज, कौए से घोंसले की रक्षा करती,

मधुर-मधुर गीत गाती,

मन को भाती यह रंग-बिरंगी चिड़िया,

पेड़-पौधों पर इधर-उधर बैठती इठलाती,

चील की ऊँची उड़ान को देखकर भी मलाल न करती,

मस्त रहती, ज़िंदगी के गीत गाती,

हँसती खिलखिलाती अपनी ही धुन में उड़ती जाती,

तिनका-तिनका समेटती यह नन्ही सी चिड़िया।

काश कि मैं भी एक चिड़िया बन जाती,

एक बार गगन की सीमा को नाप लेती,

अपनी उंगलियों से रूई के गोलों जैसे सफेद बादलों को जो छू लेती,

मैं भी मधुर गीत गुनगुनाती, मग्न रहती,

तिनका-तिनका समेटती यह नन्ही सी चिड़िया।

★ ★ ★

# चित्ररथ भार्गव

चित्ररथ भार्गव पेशे से एक आई. टी. इंजीनियर हैं लेकिन हृदय की गहराइयों में उनमें एक लेखक मौजूद है। उन्हें दर्शन में विशेष रुचि है तथा कला साहित्य उन्हें आकर्षित करते हैं। वह एक संवेदनशील लेखक होने के साथ साथ एक नियमित ब्लॉगर भी हैं।

हिंदी एवं अंग्रेज़ी में समानांतर लिखते हुए उन्होंने स्टोरीमिरर पर 'लिटररी कर्नल' की उपाधि प्राप्त की है। वे कहानी प्रतियोगिताओं और साहित्य समारोहों में उत्सुकता से भाग लेते रहे हैं।

वह मूलतः राजस्थान के रहने वाले हैं और उन्होंने स्कूली शिक्षा केंद्रीय विद्यालय से अर्जित की है। वह कभी कभी गायन में भी अपना कौशल आज़माते रहते हैं।

# मृग-मरीचिका

## चित्ररथ भार्गव

बरबस सफल होते जाने की

यह चाह मनुज की

करवाती है कैसे-कैसे कर्म उसी से


सफलता और प्रशंसा की मदिरा के वश में

मनुज तिमिर में खो जाता है;

सत्पथ से डिग,

कुमार्ग को कर शिरोधार्य

नृशंस कर्म कर जाता है

आत्मा के अनर्गल प्रलाप को

अनसुना कर;

मान-सम्मान के अस्थायी झरोखों का

सुख भोगने को आतुर,

मनुष्य कालिख से रंग लेता

है स्वयं के कर


बस फिर... विस्मृत हो जाती है

अंतर्मन में व्याप्त गीता की सीख,

मद में चूर,

अनसुनी कर बैठता है

अंतरात्मा की चीख

और इसी भांति, स्वयं से

छिपते जाने के प्रयासों में एक समय,

यम दर्श दे देता है

अंततः भयभीत,

हृदय से बिलखते हुए,

अश्रुओं से सराबोर दृग लेकर

हो जाते हैं प्राणांत!

# जोतदीप सिंह

जोतदीप सिंह पिछले 14 वर्षों से सिंगापुर में रहते हैं।

उन्होंने कई वर्षों के बाद कोई कविता लिखी, और वो इसलिए के वो Covid के घबराहट और स्वस्थ लोगों और बच्चों के लॉकडाउन की चपेट में आने के विरुद्ध थे.

जोतदीप की आगे के लिए यह आशा है कि भारत जैसे गरीब देशों की सरकारें आगे से घबराहट में आ कर ऐसी गलतियां करने से बचेंगी।

जोतदीप IIM Ahmedabad से MBA हैं, और कई वर्षों तक उन्होंने स्वच्छ ऊर्जा क्षेत्र में काम किया है।

# लॉकडाउन थोड़ा भारी है

## जोतदीप सिंह

आज सुनते हैं हम घर में बंद
कोई नई बीमारी आई है
सब काँप रहे हैं सोच रहे हैं
क्या हमारी बारी आई है?

तो सुन लो हमारा दावा अब
इक ऐसा दिन भी आएगा
जब ये लॉकडाउन और ये सब डर
बस अजीब ड्रामा कहलाएगा

आधुनिक तकनीकी से
हर बात इक क्षण में फैलती है
कोई रुक कर ये सोचता ही नहीं
असलियत भला कब कैसी है

अगर देखें के देश भर
में मृत्यु दर कैसी है अब
तीन-चार प्रतिशत सुन जाएगा
पर गिन लो उन भी लोगों को
जो टेस्ट नहीं करा बैठे
बस खांसी और बुख़ार को

पहले की तरह सुलझा बैठे
		तो देख लेना इन आँकड़ों को
जब सब कुछ सामने आएगा
		यह कमबख़्त मृत्यु दर उस दिन
एक प्रतिशत से कम रह जाएगा


माना के सर्दी ज़ुकाम से
		ज़्यादा घातक ये बिमारी है
पर हम भी तो भई तगड़े हैं
		वायरस से हमारी यारी है


इस देश की गरम हवाओं ने
		और आक्रमणों के सायों ने
कुछ मज़बूती सी भर दी है
		कुछ हिम्मत तगड़ी कर दी है
और सदियों की सब मुश्किलों ने
		इम्युनिटी भी कर दी है


यह रोज़ रोज़ कोरोना का
		भाई क्या रोना लगा रखा
इस मिट्टी ने ऐसे जन्मे हैं
		जो ग़ैरों की ना-इंसाफ़ी पर
मूह तोड़ करारा देते थे
		जो शत प्रतिशत जाँ देते थे
वह एक प्रतिशत से डरेंगे?

पछताएँ ना इक दिन हम सब
    ग़रीबों को भूखा मार बैठे
अपनी ही अर्थव्यवस्था को
    आत्म-घात पहुँचा बैठे
mathematical probabilities पर
    कुछ Balance ही गवाँ बैठे

सरकार से हमारा यह अनुरोध
    हल्का करें हम सब का बोझ
कुछ ऐसे नियम लाईए
    हाथ धोएँ और मास्क पहनें
दूर नमस्ते करते जाईए
    वृधों और रोगियों की
विशेष सुरक्षा कराईए
    और बाक़ी सब हिम्मत डट के
इस देश को चलाईए

बस अभी तो इतना काफ़ी है
    इस देश के ग़रीबों पर
लॉकडाउन थोड़ा भारी है।

# दीपिका मूंदड़ा अग्रवाल

दीपिका पेशे से वित्त व्यापार सलाहकार है। उन्होंने CS, LLB की शिक्षा प्राप्त की हैं। ग्यारह सालों तक उन्होंने इस क्षेत्र में काम किया है। लिखने का शौक उन्हें बचपन से था। अपने विद्यालय एवं महाविद्यालय में उन्होंने कई साहित्यिक प्रतियोगिताओं में भाग लिया है। दीपिका को प्रकृति से काफी प्रेम है। प्राकृतिक जगहों पर घूमना, पेड़ पौधे लगाना, उन्हें काफी पसंद है। उन्हें नई जगहों पर घूमना, नए लोगो से मिलना तथा नवीन प्रकार के व्यंजन खाने का बहुत शौक है।

# यह वक्त नहीं है लॉकडाउन का!

## दीपिका मूंदड़ा अग्रवाल

यह वक्त नहीं है लॉकडाउन का...2

यह वक्त है खुद से खुद को मिलने का।


रोज की भाग-दौड़ में सोचता था...2

कभी वक्त मिला तो यह करूंगा... वोह करूंगा,

अब आ गया है वक्त लॉकडाउन के रूप में,

और कहता है मुझ से,

खुद से तो एक मुलाकात कर।


जो किया नही वो काज कर....


मन के सपने साज कर...

फिर ना होगा लॉकडाउन का एक्सटेंशन

क्लियर कर अब तो अपने इंटेशन।


उठा ले कलम कोई नई बात कर...2

जिंदा कर कागज के सफेद पन्नो को,

इंद्रधनुष के रंग भरकर।


क्यों ना हाथ आजमाले आज किचन मे...2

ना जाने क्या आविष्कार हो जाए बात-बात में।

क्यों न उनसे नजरे चार कर....2

कह दे फिर से "आई लव यू"

और दिल बेंकरार कर।


बाहर नहीं जा सकता तो क्या....2

अपने भीतर चला जा

जिसे ढूंढ रहा था, ना जाने कब से

उस खास इंसान से मुलाकात कर आ।


सिखलाया इन चंद दिनों के लॉकडाउन ने...2

जी लें जिंदगी इस पल में

क्योंकि फिर तो कल सब बदल जायेगा

जब ये बादल छट जायेगा।


यह वक्त नहीं लॉकडाउन का.....2

यह वक्त है खुद से खुद को मिलने का।

★ ★ ★

# सरोज बी शाह

पुणे जैसे सांस्कृतिक शहर में पली-बढ़ी सरोज उम्र के उस मोड़ पर है, जिसे लोग बुढ़ापा कहते हैं। परन्तु ७२ वर्षीया सरोज तन और मन से 'युवा' हीं लगती हैं। शादी के बाद मुंबई टेलीफोन्स में सेवारत हुई और अपने कार्य से सबको प्रभावित किया। लेकिन घर व बच्चों की जिम्मेदारी आने पर अपने आप को गृहणी में ढाल दिया। अपने तीनों बेटों को उच्चतम शिक्षा प्रदान कर अन्य छात्रों की शिक्षा में सहयोगी बनने का निर्णय लिया। करीबन २०-२२ साल तक करीबन २०० बच्चों को ट्यूशन देकर उनके भविष्य के सुनहरे सपने बुनने में सहयोगी रही। उनका हिंदी के अलावा मराठी, गुजराती और अंग्रेजी भाषा पर प्रभुत्व रहा है। घर पर होने वाले छोटे-बड़े अवसर पर कविता करके सभी को प्रसन्न कर देती हैं।

# मेरी नई उड़ान

## सरोज बी शाह

बालों पर आई हुई हलकी सी सफ़ेदी,

बदन पर भी उभर रही ये झुर्रियाँ।

थर - थर काँपते हाथ पैरों की हलचल,

बता रही हैं मुझे उम्र के किसी नए मोड़ की आहट।।


अभी कल की तो बात हैं, कितना उमंग व उत्साह था,

शरीर था कि कभी थकने का नाम न लेता था।

समय की रफ़्तार के संग हम भी यूँ ही भागे जा रहे थे,

क्या पाया, क्या पाना है? शायद ये भी न जाना था।।


सिर पर पड़ी ज़िम्मेंदारियों में यूँ खो गए थे,

कि रंग अपने सपनों के सरे सूख से गए थे।

काम का बोझ, सरे घर की चिंता, आने वाले कल की फिक्र,

बस इन्ही सारी उलजनों को सुलझाने में लगे थे।।


घडी की सुई के संग चल रहा था ये जीवन अर्थहीन,

शायद बेवजह मुझे कहीं अलग खींचे जा रहा था।

बार बार एक क्षोभ था अपने लिए कुछ न कर पाने का,

सब कुछ पाकर भी न जाने अपने हाथ खली होने का।।

पर आज सुबह की नींद के सपनों से सहसा जग उठी,
मेरी दबी दबी सी इच्छायें फन फैलाकर मेरे सामने आ गई।
बस, फिरसे एक बार ठान लिया इस कांपते मन ने भी,
हिम्मत कर उठ जा और जी ले अपने सपने सरे यही।।

अब समय की इसी आवाज़ में मुझे झगझोरा हैं,
इच्छा के पर लगाएँ नीले गगन ने मुझे छोड़ा हैं।
मन के पतंग को नई जीत की डोर बांधकर उड़ाना हैं मुझे,
मेरे तन मन की ऊचाँइयों के संग बहुत ऊपर जाना हैं मुझे।।